本书得到清华大学国情研究院资助

ZHONGJIANPIN JINKOU MAOYI YU
ZHONGGUO ZHIZAOYE QIYE JINGZHENGLI

中间品进口贸易与中国制造业企业竞争力

许家云 ◎ 著

中国财经出版传媒集团
经济科学出版社
Economic Science Press

图书在版编目（CIP）数据

中间品进口贸易与中国制造业企业竞争力／许家云著 . —北京：经济科学出版社，2018. 5

ISBN 978 - 7 - 5141 - 9085 - 4

Ⅰ. ①中…　Ⅱ. ①许…　Ⅲ. ①进口贸易-关系-制造工业-企业竞争-研究-中国-Ⅳ. ①F752. 61 ②F426. 4

中国版本图书馆 CIP 数据核字（2018）第 041046 号

责任编辑：王柳松
责任校对：隗立娜
责任印制：邱　天

中间品进口贸易与中国制造业企业竞争力

许家云　著

经济科学出版社出版、发行　新华书店经销

社址：北京市海淀区阜成路甲 28 号　邮编：100142

总编部电话：010-88191217　发行部电话：010-88191522

网址：www. esp. com. cn

电子邮箱：esp@ esp. com. cn

天猫网店：经济科学出版社旗舰店

网址：http：//jjkxcbs. tmall. com

固安华明印业有限公司印装

710×1000　16 开　11. 5 印张　字数 200000 字

2018 年 5 月第 1 版　2018 年 5 月第 1 次印刷

ISBN 978 - 7 - 5141 - 9085 - 4　定价：46. 00 元

序　言

回顾历史，在 1870～2015 年的 140 多年间，人类社会出现了三次经济全球化浪潮，至少在前约 108 年的时间中国都是经济全球化的边缘化者。只有在改革开放后的 40 年，中国不仅成为经济全球化的参与者、推动者和受益者，而且走入世界经济舞台的中心，成为世界经济增长、贸易增长、投资增长的最大贡献者，又是新一轮经济全球化的引领者和发动者。

从国际视角来看，中国在世界上的地位发生了根本性的变化。中国已经处在世界经济舞台的中心，国际影响力、国家软实力得到了明显提升。世界从来没有像今天这样需要中国。中国从来没有像今天这样置身于世界经济舞台的中心，成为全球及各国（地区）最大的利益相关者，也从来没有像今天这样对世界经济贸易以及治理发挥举足轻重的作用。

作为世界第一经济大国（按照 PPP 方法）、最大制造业国、最大货物出口国、第二大货物进口国、第二大对外直接投资国、最大外汇储备国、最大旅游市场，始终是世界经济最大的"发动机"和全球贸易最大的"压舱石"。以制造业为例，2010 年，中国制造业产值占全球比重为 19.8%，超过美国，跃居世界第一，2015 年，这一比重又上升至 25%。① 以贸易为例，2016 年，中国占全球贸易份额超过 13%，已经成为世界上 125 个国家和地区的第一大贸易伙伴。中国已经成为名副其实的世界"贸易大国"和世界"制造业大国"。

制造业被喻为"经济增长的发动机"，制造强国的核心和实质是制造业竞争力升级，相关企业达到世界一流水平。改革开放之初，尽管中国已经建立了比较独立和完整的工业体系，

---

① 《十八大以来新发展新成就》，人民出版社，2017 年版，第 112 页。

但是国内制造业基础仍与发达国家的先进水平相差甚远，中国只能通过被动进口国外先进技术、核心设备和关键零部件来满足国内生产的需要。随着对外开放，中国快速参与全球产业链、价值链和供应链，成为"世界加工厂"，也成为世界中间品进口大国。在中间品进口的带动下，中国出口贸易规模得到迅速扩张，从排名世界贸易第29位迅速成长为世界第一大贸易体，创造了中国的贸易发展奇迹。后来的事实表明，中国的技术追赶相当成功，有力地推动了中国的经济追赶，即缩小了与发达国家的发展差距，包括制造业差距。

不过，我们还需要对这一奇迹做深入的研究，至少有几个十分有争议又有学术价值的问题：长期的中间品进口战略是否促进了中国向制造业强国迈进？从更一般的意义来看，进口贸易尤其是中间品进口，究竟会如何影响中国制造业企业的竞争力？这直接涉及如何更客观、准确地对中国进口贸易战略的基本评价，还涉及对中国制造业企业竞争力的准确评价。对此，许家云博士的《中间品进口贸易与中国制造业企业竞争力》一书围绕上述问题进行了深入和专业化的探讨，并力求寻找应对之策。

企业是制造业的微观基础。该书从制造业企业市场存活、企业技术创新、企业出口产品质量以及企业加成率四个方面，全面系统地考察了中间品进口对中国制造业企业竞争力的影响及其作用机制，丰富和发展了新贸易理论，为推动中国贸易转型升级和制造业振兴提供了理论支持。

该书的特色和创新之一，是综合运用了微观计量的多种前沿技术进行实证研究，体现了"重大理论问题"和"关键核心计量工具"的有机结合。比如，该书采用两阶段最小二乘法（2SLS）来处理中间品进口变量可能存在的内生性问题。在考察企业创新的影响因素时，采用Heckman两阶段选择模型来克服制造业企业的非随机分布问题。为了更好地处理内生性问题和样本选择偏误问题，在第5章以中国加入WTO作为政策冲击，在一个自然实验的框架下，通过构造倍差法模型来识别中间品进口自由化对制造业企业加成率的微观效应及其作用机制。另外，本书还多次使用非参数估计和生存分析法来考察中间品进口对微观制造业企业市场存活的影响。总体来说，本书研究的理论问题十分重要，选择的方法有的放矢、前沿有效，可视为理论问题与先进工具紧密结合的典型代表。

基于重大问题和先进科学工具得出有实践意义的研究结论，是本书的又一创新之处。本书全面揭示并首肯了中间品进口对中国制造业企业竞争力的积极影响和作用渠道，特别强调了地区制度环境的重要性。作者发现良好的地区制度环境可以强化中间品进口对制造业企业竞争力的积极影响，显然，经济体制改革可以促进生产力发展，更有利于提高企业竞争力。作者又进一步将研究视角由微观企业层面转入中观行业层面，从更宏观的角度揭示资源再配置效应在制造业行业竞争力提升中的重要地位。本书的结论对于增强企业技术创新能力、合理引导加工贸易转型升级以及政府制定适宜的、有差别的进口贸易政策都具有重要的现实意义，对于进一步推进中国贸易体制改革和制造业竞争力提升具有重要的启示意义。

我一直主张青年学者要有自己的代表作。作为第一作者，许家云博士已经发表 CSSCI 论文 22 篇，其中包括《管理世界》《金融研究》《世界经济》《国际贸易问题》等权威刊物，反映了她在该领域研究的专业性、前沿性以及学术影响力。我还是希望她能够利用博士后研究的机会，写出自己的代表作。正是基于博士后出站报告，她进一步写成了这一代表作。

当然，这本书是不是一本高质量、有创新的经济学研究著作，不只是自我评价，更要看来自同行的评价。我曾邀请有关专家对她的博士后出站报告进行评阅和答辩，他们都对此给予充分肯定。答辩委员会认为："对中国改革开放以来进口贸易战略的准确评估，为未来中国进口贸易战略定位和制造业企业竞争力提升提供了很好的参考，具有重大现实意义"，等等。

应当说，这项研究是具有开创性的探索，选题也具有重要的研究意义，但也有很大的研究难度，这正是学术研究的创新所在。例如，在测算企业——产品层面的出口质量指标时，如何消除价格这一关键变量的测量误差，从而保证测算得到的质量指标在跨时和跨国意义上可比，是该书要解决的一个关键问题。我特别需要指出的是，此书与其说是写出来的，不如说是算出来的，我称之为数据量、信息量，因为作者使用多套大型的微观企业数据库，数据样本量之大，不同的数据库提供的企业编码系统之不同，实现多套数据库的有效对接之难度，都是少有的，因而才能有知识的含金量也是该书需要解决的一个难点问题。

我始终主张青年学者要扎根中国改革与发展的伟大实践，从实践中总结已知、探索未知、创新新知，以服务于这个伟大的新时代，这是中国青年学者需要坚守的学术理想和共同愿望。如果说"文若其人"（她已发表了几十篇高质量学术论文）、"书若其人"（此书出版）的话，许家云博士可谓年轻一代学者中的佼佼者之一。这如同学术的万里长征，始于足下，希望她在未来的学术研究中，不断拓宽研究视角和研究维度，在这一领域取得更深刻、更专业、更具创新性的理论成果。最后，我衷心地希望更多年轻一代的青年学者能够为中国强起来、为人民共同富裕起来进行持之以恒的学术创新，以知识为民、知识报国，为中国的学术进步和强国建设做出更大贡献。

清华大学公共管理学院、国情研究院

胡鞍钢

2017 年 12 月 23 日于清华园

前　　言

改革开放以来，中国通过鼓励对先进技术、核心设备和关键零部件的进口来生产符合国际市场要求的产品，提升了出口产品的国际竞争力，也由此造就了中国"为出口而进口"的贸易典型特征（巫强，刘志彪，2009；余淼杰，李晋，2013）。2014 年，我国进口额达到 19593 亿美元，占全球进口的比重高达 10.3%。其中，中间产品进口所占比重不断上升，并且中间品采购不断向全球供应链的上游延伸。如果以中间品的单位价值近似地表示其技术含量，2014 年，我国中间品的单位进口均价是 2000 年的 20 多倍。在中间品进口的带动下，中国出口贸易规模得到迅速扩张，企业成长加快，并迅速融入全球价值链分工体系。但是，在世界经济论坛发布的《2016~2017 年全球竞争力报告》中，中国的全球竞争力仅位列第 28 位，这与中国的经济总量和贸易地位形成鲜明对比。同时，"中国制造"往往与低价格、低质量联系起来，中国产品已然成为低价产品的代名词，中国企业仍然处于全球价值链中的低端位置。而中国低质产品的实质便是制造业企业竞争力不足的问题，当前制造业企业的竞争力问题已经得到了学术界和政策层的极大关注，成为亟待研究和解决的重大课题。

那么，中间品进口对中国制造业企业竞争力的影响究竟如何？本书在此背景下，全面、系统地考察了中间品进口对中国制造业企业竞争力的微观影响，分别从制造业企业市场存活、企业创新、企业出口产品质量以及企业加成率四个方面展开研究。另外，本书对截至 2007 年的工业企业数据和海关数据进行样本匹配，从而更为准确地考察中间品进口对制造业企业竞争力的影响。

基于系统的理论分析和实证研究，最终本书得到的主要结论为：

（1）第一，中间品进口在总体上降低了企业退出市场的风险率，即倾向于延长企业的经营持续时间。第二，我们还考察了不同质量水平的中间品进口对企业生存的异质性影响，发现只有中高质量的中间品进口显著地延长了企业经营的持续期，而低质量的中间品进口则提高了企业退出市场的风险率，即倾向于抑制企业的市场存活。此外，中间产品进口对双向贸易企业生存持续期的影响大于单向贸易企业。第三，我们进一步采用中介效应模型进行了传导机制检验，发现"成本节约效应"和"技术溢出效应"，是高质量中间品进口促进企业市场存活的重要渠道。第四，为了解释中间品进口对于不同行业的企业生存产生的差异化影响，本章将产品差异化程度引入中间品进口与企业生存问题的分析之中，并以产品差异化为切入点来分析中间品进口对于同质性产品行业和异质性产品行业中企业生存的差异化影响。结果发现，中间品进口对同质性产品行业和异质性产品行业的企业生存均具有积极影响，并且对前者的作用相对更大。我们还发现，高质量的中间品进口和双向贸易模式，可以强化上述作用。

（2）首先，中间品进口对中国制造业企业的创新活动具有显著的促进作用，不过，这主要体现在由中间品进口引致的成本节约及多样化优质要素获得效应上，并且，中间品进口对企业创新决策的影响大于对创新强度的影响。以上结论在有效地克服了中间品进口变量的内生性问题之后依然稳健。其次，中间品进口对不同特征企业的创新活动具有显著的异质性影响，特别地在企业生产率的异质性方面，我们发现，中间品进口显著提高了中低生产率企业进行创新的概率，但对中高生产率企业和最高生产率企业的创新活动没有明显的影响。最后，通过采用离散时间生存分析模型的研究还发现，中间品进口有助于延长企业创新的持续时间。此外我们还发现，规模越大、人力资本水平越高以及盈利性越好的企业，其创新的持续时间也越长。

（3）中间品进口通过中间产品质量效应、产品种类效应与技术溢出效应三个可能的渠道，显著地促进了企业出口产品的质量提升。但是，该效应因企业生产率水平、融资约束、所有制和贸易方式的不同而具有显著的异质性，并且，因中间品进口来源国和中间品技术含量的不同而不同。我们还特别考察了地区制度环境的重要性，发现良好的地区制度环境有利于强化中间品进口对制造业企业出口产品质量的积极影响。最后，行业出口质量的动态分解结果显示，行业出口质量的提高主要得益于集约边际，扩展边际的作用有限；另外，资源再配置效应对行业出口质量提高的贡献高达58%，其在中间品进口促进行业出口质量提高中发挥了关键作用。本章从微观层面证实了中间品进口有益于提升企业产品质量的论断，对于客观评估我国中间品进口的经济绩效和我国贸易均衡战略的实现具有重要的现实意义。

（4）中间品进口自由化显著提高了企业的成本加成定价能力，其影响程度在时间趋势上呈现倒"U"形的动态变化特征。我们在研究中还特别强调了地区制度环境的重要性，发现在制度越完善的地区，中间品进口自由化对企业加成率的提升作用越大。进一步的影响机制检验表明，产品质量升级和生产效率提升是中间品进口自由化提高企业加成率的可能渠道。最后，行业加成率的动态分解结果显示，行业加成率的增长主要来自集约边际（intensive margin），扩展边际（extensive margin）的贡献较小。另外，资源再配置效应对行业加成率增长的贡献超过50%，而且，它是中间品进口自由化促进行业加成率增长的重要途径。本章丰富了贸易自由化与加成率的研究文献，同时，对于客观评估中国加入WTO的微观成效和推进贸易体制改革具有一定的启示意义。

本书从中间品进口的视角为中国制造业企业的市场存活、技术创新、出口产品质量升级以及价格加成能力提升提供了一个全方位的诠释。从某种程度上来说，本书丰富了中间品进口自由化与异质性企业竞争力的研究，对中国继续推进和深化中间品进口自由化改革以实现制造业企业竞争力升级具有重要的政策含义。

本书是在我博士后出站报告的基础上修改、扩充而完成的。回首在清华大学两年的博士后工作经历，学术的些许进步，心灵的日渐成长，都离不开师长的指导，同学的帮助及家人的支持。在本书即将付梓之际，谨向各位表示由衷的感谢！

先要感谢我的博士后合作导师胡鞍钢教授。胡鞍钢老师是国内国情研究的开创者和奠基人，是我从事国情研究的领路人。胡老师严谨的治学态度、渊博的专业知识和忘我的工作精神令学生汗颜，是学生学习的榜样。两年博士后生活是我人生的新阶段，老师教育我，知识为民、知识报国是青年学者的时代使命和责任。衷心感谢胡老师两年来在工作、生活上的指导与关心、肯定与鼓励，句句叮嘱，学生铭记在心！

还要感谢我的博士生导师南开大学的佟家栋教授。三年的博士学习为我顺利进入博士后阶段奠定了坚实的基础，老师严谨的学术态度和忘我的工作态度为我树立了良好的学术榜样，引领我走进经济学的学术殿堂，老师的言传身教必将使学生受益终身。

清华大学国情研究院的学术氛围也潜移默化地感染了我，非常荣幸能够在此工作，院里的学术讲座与会议令我加深了对世情和国情的认识。感谢院里的周绍杰教授、高宇宁教授、刘生龙教授、鄢一龙教授及张健老师、朱睿老师、王其珍老师、徐颖老师、刘敏老师、许涵老师在平时给予的帮助与鼓励。

这里，我要特别感谢我的先生毛其淋博士，我的每一点进步都有他的一份功劳，学术路上有他相伴，幸福满满、动力满满。我还要感谢我的同门，清华大学张巍博士、姜佳莹博士、李萍博士、唐啸博士、王洪川博士、杨竺松博士、张新博士、潘墨涛博士、杨骅骝博士，感谢，天津师范大学刘竹青博士多年来对我的帮助和关心，谢谢他们对我一如既往的关心与帮助。感谢清华大学公共管理学院杨慧博士、陆文香博士、赵雪娇博士、魏娜博士、谭海波博士、陈婧博士、席艳玲博士以及王晓亚博士对我两年来的关心和照顾，和他们在一起的时光让我备感温暖。感谢博士、硕士师弟王蔚、程文银、谢宜泽、杭承政、迪力、于森、杨雁翔、王英伦、胡明远；师妹李萌、黄菲、张君忆、耿瑞霞、李亚男及各位朋友的问候与鼓励，是你们给我带来了持续的动力。各位的名字不能一一列举，但由衷感谢各位！

本书的基础——我的博士后出站报告在写作过程中得到了"中国博士后科学基金面上资助项目和特别资助项目"以及"教育部人文社会科学研究青年基金项目"的资助，资金的支持使我的博士后出站报告质量得到了显著提升，在此，特别感谢！

本书的出版，是对我两年博士后科研工作的阶段总结，同时也意味着新的学术生涯和职业生活的开始，希望自己心存感恩，继续保持对学术的热爱和追求，勇往直前。

许家云

2017 年 12 月 25 日于清华园

目　　录

第 1 章

导　　论

本章主要对本书的选题进行相关说明，第一节，介绍研究思路、各章的结构安排和研究方法；第二节，对本书的主要创新点进行相关陈述。

1.1　研究思路、篇章结构与研究方法

1.1.1　研究思路和篇章结构

长期以来，制造业被喻为"经济增长的发动机"，世界上几乎所有国家都将其视为国民经济最重要的产业，更是发展中国家实现赶超的基础。当前，全球经济出现了向"服务型经济"转变的趋势，服务业在经济增长中的地位和比重大幅提升，然而制造业的重要地位并没有下降，尤其是金融危机后，发达国家纷纷提出"工业4.0""再工业化"等规划并采取措施加快制造业回流。世界制造业分工格局演变再一次引起了各方的广泛关注。与此同时，世界经济全面进入全球价值链时代，随着全球价值链分工的不断深化，一国制造业参与国际分工的模式由专业化生产特定产品转变为专业化从事产品的特定生产环节，"商品贸易"转变为"任务贸易"（卢锋，2004；Grossman，Rossi-Hansberg，2008）。当前，中国国内经济步入"新常态"阶段，同时面临发达国家高端制造回流与中低收入国家争夺中低端制造转移的严峻挑战。为此，

我国相继做出了包括《中国制造 2025》在内的一系列重大战略部署，为我国制造业企业国际竞争力的提升保驾护航。

在生产全球化的背景下，一国制造业能否从参与国际分工中获得更大贸易利益，促进本国经济增长和提高人民福利，主要取决于在全球价值链中的分工地位，即与进口和出口的产品密切相关（Haussman et al.，2007）。在理论上，一国制造业竞争力由资源禀赋、创新能力、科研投入等多种因素决定，而从投入产出的角度来看，上游中间投入品对一国制造业分工地位和竞争力升级具有重要的影响。面对新形势，如何发挥中间品进口在提高中国制造业企业全球竞争力中的作用，成为需要我们研究的重要课题。基于此，本书全面系统地考察了中间品进口对中国制造业企业竞争力的微观影响，分别从制造业企业市场存活、企业创新、企业出口产品质量以及企业加成率四个方面展开研究。

本书主要包括 6 章内容。

第 1 章是导论，具体包括研究思路和研究方法以及主要创新点。

第 2 章~第 5 章为本书的核心章节：

第 2 章，考察了中间品进口对制造业企业市场存活的影响效应，该章采用倾向得分匹配与生存分析方法系统研究了中间品进口对企业生存的微观影响。在分析中间品进口对企业经营持续时间影响的基础上，进一步考察了中间品质量差异性和贸易方向的作用，然后，基于中介效应模型实证检验了中间品进口对企业市场存活的具体作用机制。

研究发现：第一，中间品进口在总体上降低了企业退出市场的风险率，即倾向于延长企业的经营持续时间。第二，我们还考察了不同质量水平的中间品进口对企业生存的异质性影响，发现只有中高质量的中间品进口显著地延长了企业经营的持续期，而低质量的中间品进口则提高了企业退出市场的风险率，即倾向于抑制企业的市场存活。此外，中间品进口对双向贸易企业生存持续期的影响，大于单向贸易企业。第三，我们进一步采用中介效应模型进行了传导机制检验，发现"成本节约效应"和"技术溢出效应"是高质量中间品进口促进企业市场存活的重要渠道。第四，为了解释中间品进口对于不同行业的企业生存产生的差异化影响，本章将产品差异化程度引入中间品进口与企业生存问题的分析之中，并以产品差异化为切入点来分析中间品进口对于同质性产品行业和异质性产品行业中企业生存的差异化影响。结果发现，中间产品进口对同质性产品行业和异质性产品行业的企业生存均具有积极影响，并且对前者的作用相对更大。我们还发现，高质量的中间品进口和双向贸易模式可以强化上述作用。

第 3 章，从企业创新的角度考察中间品进口对制造业企业竞争力的影响。本章不仅分析了中间品进口对企业创新决策的影响，而且考察了中间品进口对企业创新强度的影响，在此基础上进一步分析了中间品进口对企业创新的作用究竟是更多地体现为"集约边际"还是"扩展边际"。此外，考虑到在现实中企业存在异质性，本章还深入研究了中间品进口对不同特征（包括生产率、规模、融资约束三个方面）企业创新活动的异质性影响。最后，本章在有关中间品进口与企业创新问题的研究中，引入生存分析模型考察了中间品进口对企业创新持续时间的影响，从而丰富和拓展了这类文献的研究视角。

结果发现：首先，中间品进口对中国制造业企业的创新活动具有显著的促进作用，不过，这主要体现在由中间品进口引致的成本节约及多样化优质要素的获得效应上，并且，中间品进口对企业创新决策的影响大于对创新强度的影响。以上结论在有效地克服了中间品进口变量的内生性问题之后依然稳健。其次，中间品进口对不同特征企业的创新活动具有显著的异质性影响，特别地，在企业生产率的异质性方面我们发现，中间品进口显著地提高了中低生产率企业进行创新的概率，但对中高生产率企业和最高生产率企业的创新活动没有明显的影响。最后，通过采用离散时间生存分析模型的研究还发现，中间品进口有助于延长企业创新的持续时间。此外我们还发现，规模越大、人力资本水平越高以及盈利性越好的企业，其创新的持续时间也越长。

第 4 章，全面系统地考察中间品进口对制造业企业出口产品质量的影响。首先，深入考察了中间品进口对中国制造业企业出口产品质量的整体影响和三个可能的作用渠道。其次，分别基于企业生产率水平、融资约束、所有制、贸易方式、中间品进口来源国和中间品技术含量的视角，考察了中间品进口对企业出口产品质量的异质性影响。进一步地，我们还特别考察了地区制度环境在中间品进口影响制造业企业出口产品质量中的作用。最后，对行业出口质量进行动态分解，考察中间品进口对行业出口质量的作用机制和资源再配置效应在其中的作用。

研究发现，中间品进口通过中间产品质量效应、产品种类效应、技术溢出效应三个可能的渠道显著地促进了企业出口产品质量提升，但是，该效应因企业生产率水平、融资约束、所有制和贸易方式的不同而有显著的异质性，并且，因中间品进口来源国和中间品技术含量的不同而不同。我们还特别考察了地区制度环境的重要性，发现良好的地区制度环境有利于强化中间品进口对制造业企业出口产品质量的积极影响。最后，行业出口质量的动态分解结果显示，行业出口质量的提高主要得益于集约边际，扩展边际的作用有限。另外，资源再配置效应对行业出口质量提高的贡献高达58%，其在中间品进口促进行业出口质量提高中发挥了关键作用。本章从微观层面证实了中间品进口有益于提升企业产品质量的论断，对于客观评估中国中间品进口的经济绩效和中国贸易均衡战略的实现具有重要的现实意义。

第5章，以中国加入WTO作为一次自然实验，采用倍差法深入考察了中间品进口对制造业企业加成率的微观效应及其作用机制。首先，提出了该问题研究的重要性和必要性。其次，进行典型事实分析，并提出研究假说；再其次，通过构建模型，深入分析中间品进口自由化对企业加成率的影响及具体的作用机制；最后，本章还从资源再配置效应的角度，考察中间品进口自由化与行业加成率变动之间的关系。

研究认为，中间品进口自由化显著提高了企业的成本加成定价能力，其影响程度在时间趋势上呈现倒"U"形的动态变化特征。在研究中我们还特别强调了地区制度环境的重要性，发现在制度越完善的地区，中间品进口自由化对企业加成率的提升作用越大。进一步的影响机制检验表明，产品质量升级和生产效率提升是中间品进口自由化提高企业加成率的可能渠道。最后，行业加成率的动态分解结果显示，行业加成率的增长主要来自集约边际（intensive margin），扩展边际（extensive margin）的贡献较小。另外，资源再配置效应对行业加成率增长的贡献超过50%，而且，它是中间品进口自由化促进行业加成率增长的重要途径。本章研究内容丰富了贸易自由化与加成率的研究文献，同时，对于客观评估中国加入WTO的微观成效和推进贸易体制改革具有一定的启示意义。

第6章，本书的结论部分，该部分对本书进行了归纳和总结，然后，得到相应的政策启示。

1.1.2 研究方法

本书试图在异质性企业的视角下，分析中间品进口对制造业企业竞争力的微观影响。为了增强结论的可信性，本书着力于从多个维度和方面全面地进行分析，本书所用的方法主要包括：

1.1.2.1 对比分析法的使用

为了更为全面地考察中间品进口对制造业企业竞争力的微观影响，本书充分使用了"对比分析法"。也就是说，不仅考察中间品进口对异质性企业市场存活、技术创新及出口产品质量等的影响，还通过对样本分组的方式进行分组回归，从而可以对各组回归进行对比。具体地，在企业所有权方面，我们将总样本分为外资企业和民营企业两组子样本；在贸易方式方面，我们将总样本分为加工贸易企业和一般贸易企业两组子样本。在贸易方向方面，我们将总样本分为单向出口企业和双向出口企业两组子样本，其中，双向出口企业是指，同时从事进口活动和出口活动的企业。在上述分组的基础上，深入对比考察中间品进口对不同类型企业竞争力的差异性影响，然后，结合我们对现实问题的把握就上述差异性结论进行深入探讨，以求丰富本书的研究结论和理论内涵。

1.1.2.2 定性分析和定量分析的结合使用

在本书中，定性分析方法的使用主要体现为以下几个方面：利用各种曲线图展示和考察中间品进口与制造业企业竞争力之间的关系、通过描绘风险率曲线与生存曲线考察中间品进口对制造业企业市场存活的影响等。为了更好地处理内生性问题和样本选择偏误问题，在第5章以中国加入WTO作为一次自然实验，采用倍差法深入考察了中间品进口对制造业企业加成率的微观效应及其作用机制。通过定性分析和定量分析相结合的方式，本书可以更为系统和全面地考察中间品进口对中国制造业微观企业竞争力的影响。

1.1.2.3　多种计量方法的综合运用

基于提高本书研究结论可信度和准确度的考虑，本书综合使用了多种不同的计量方法来应对各个研究主题。其中，使用最多的是普通最小二乘法（OLS 法），另外，考虑到各变量之间的因果关系，计量模型中可能存在潜在的内生性问题，从而为了保证估计结论的准确性和稳健性，本书还综合使用了 2SLS 法进行回归分析，也就是工具变量的两阶段最小二乘法。此外，为了应对二值回归，本书还使用了 Probit 模型进行计量估计，比如说，在分析中间品进口对企业创新决策和企业市场存活的影响时都采用了该方法。此外，为了考察结论的稳健性，本书还综合使用了 Logit 方法以及动态 GMM 方法。第 3 章在考察中间品进口对企业创新决策和创新强度的影响时，本书使用了赫克曼（Heckman）两步法进行计量回归，试图减轻和克服样本选择性偏差对本研究可能造成的干扰。为了更好地处理内生性问题和样本选择偏误问题，在第 5 章以中国加入 WTO 作为一次自然实验，采用倍差法深入考察了中间品进口对企业加成率的微观效应及其作用机制。另外，本书还多次使用非参数估计和生存分析法来考察中间品进口对微观制造业企业市场存活的影响。

1.1.2.4　一般均衡和局部均衡分析方法相结合

一般而言，一般均衡方法涉及各个变量之间错综复杂的关系，各经济主体的行为相互交织从而构成一个紧密联系的内在逻辑系统。与之不同，局部均衡方法重点关注的是各个经济变量自身的变动如何影响其他经济变量以及作用如何。在本书相关的实证分析部分，我们主要考察了中间品进口及其对企业相关经济变量的影响问题，这属于局部均衡分析方法的范畴。尽管如此，对于本书实证分析之前的理论模型框架而言，我们是基于开放的一般均衡模型得到实证模型各变量之间的相关关系的。

1.2　主要创新点

以异质性企业贸易理论和企业内生边际理论为主要标志的新新贸易理论，是 21 世纪国际贸易理论的最新进展（Baldwin，2005）。与传统贸易理论和新贸易理论以产业作为研究对象不同，新新贸易理论进一步将考察的主体细化到了微观企业这一层面。基于新新贸易理论关于企业异质性的分析，本书也将中间品进口和企业竞争力问题的研究进一步细化到了微观企业层面。这样一来，我们的分析可以控制企业的异质性特征，从而得到的结论相比已有的宏观研究可能会相对准确。以下是本书可能的几个创新点：

首先，在研究视角方面，丰富和发展了新新贸易理论的研究视角。本书将中间品进口纳入企业技术创新和竞争力升级的研究体系，从企业市场存活、企业创新、企业出口产品质量以及企业加成率四个角度来综合刻画中国制造业企业的竞争力情况，重点剖析了中间品进口究竟如何影响中国制造业企业的竞争力以及其制约因素的作用，试图为推动中国贸易方式转型及制造业企业振兴提供理论上的支持，研究视角具有较强的创新性。

其次，在计量方法方面，采用微观计量的前沿技术进行实证研究是本书的另一个创新点，具体体现在，本书采用两阶段最小二乘法（2SLS）来处理中间品进口变量可能存在的内生性问题；在考察企业创新的影响因素时，拟采用赫克曼（Heckman，1979）两阶段选择模型来克服制造业企业的非随机分布问题。为了更好地处理内生性问题和样本选择偏误问题，在第 5 章以中国加入 WTO 作为政策冲击，在一个自然实验的框架下，通过构造倍差法模型来识别中间品进口自由化对企业加成率的微观效应及其作用机制。另外，本书还多次使用非参数估计和生存分析法来考察中间品进口对微观制造业企业市场存活的影响。

再其次，在研究结论方面。本书全面系统地考察了中间品进口对中国制造业企业竞争力的影响，并揭示了中间品进口对企业竞争力的积极影响和作用渠道。此外，我们在研究中还特别强调了地区制度环境的重要性，发现在制度环境越完善的地区，中间品进口对企业竞争力的提升作用就越大。最后，本书的研究视角由微观企业层面转入中观行业层面，行业出口质量（或行业加成率增长）的动态分解结果显示，资源再配置效应是行业出口质量提高（或行业总体加成率增长）的重要渠道。更为重要的是，本书的研究结论对于客观评估中国中间品进口的经济绩效和中国贸易均衡战略的实现具有重要的现实意义，同时，对于客观评估中国加入WTO的微观成效和推进贸易体制改革具有一定的启示意义。

第 2 章

中间品进口与制造业企业的市场存活

本章基于 2000～2007 年中国工业企业微观数据和海关贸易数据，采用倾向得分匹配与生存分析方法系统研究了中间品进口对企业生存的微观影响。研究发现，中间品进口显著地延长了企业的经营持续时间。进一步引入中间品质量差异性和贸易方向的研究表明，中间品进口对企业经营持续时间的正向作用与进口中间品的质量水平成正比，并且，中间产品进口对双向贸易企业生存持续期的影响大于单向贸易企业。基于中介效应模型的传导机制检验，发现"成本节约效应"和"技术溢出效应"是中间品进口促进企业市场存活的重要渠道。最后，引入行业差异化的检验结果显示，相比于异质性产品行业的企业，中间品进口对同质性产品行业中企业生存的积极影响更大，而高质量的中间品进口和双向贸易模式可以进一步强化上述作用。

2.1　问题的提出

生存是企业持续经营的基础，也是企业盈利和持续发展的前提。相对于进入市场而言，企业在市场中持续生存显得相对艰难。通过对样本数据的分析，我们发现中国工业企业在 1999～2007 年的平均生存时间为 5.18 年，中位值为 4.92 年，与样本数据完整 9 年的生存时间相比还有很大距离，许多企业的生存时间仅 1 年。此外，中国企业的平均寿命也远远短于日本企业和欧美企业的平均寿命。显然，与发达国家企业相比，我国企业在市场生存方面任重道远。也正是基于此，中国企业的生存问题受到了政界和学术界的高度重视。

当前，已有大量学者围绕所有制（Pérez et al.，2004；Baldwin，Yan，2011）、创新行为（Fontana，Nesta，2009）、FDI（Wang，2013）等对企业生存的影响进行了深入研究，但少有研究关注进口尤其是中间品进口对企业生存的影响。近年来，为了生产出符合国际出口市场要求的产品和支持出口贸易的发展，中国对先进技术、核心设备和关键零部件的进口给予了大量的政策支持，进口总量在 1995 ~ 2013 年增长了近 9 倍，其中，中间产品进口占全部进口的比重也出现了"跳跃式"的上升。那么，中间品进口究竟能否改善中国企业的市场存活时间，不同质量水平的中间品进口对企业生存的影响是否具有异质性，其背后可能的影响机制是什么？这正是本章要回答的核心问题。

中外文文献长期以来对企业生存问题一直保持关注，并且取得了较为丰富的研究成果。在早期，以阿克斯和奥德斯（Acs，Audretsch，1989），奥德斯等（Audretsch et al.，1999）以及阿加瓦尔和奥德斯（Agarwal，Audretsch，2001）等为代表的一些文献，主要从企业规模的角度来考察企业生存问题，认为企业规模与企业生存持续时间之间呈正相关关系。随后，科克布恩和瓦格纳（Cockbur，Wagner，2007）以及丰塔纳和内斯塔（Fontana，Nesta，2009）考察了创新行为对企业生存的影响，其文献认为，积极的研发创新有利于企业生存能力的提升。与此同时，还有一部分文献将企业的所有权结构引入了企业生存问题的分析框架。比如，格尔克和施特罗布尔（Görg，Strobl，2003）对爱尔兰的研究，佩雷斯等（Pérez et al.，2004）对西班牙的研究发现，与内资企业相比，外资企业在市场上的生存时间更短；而科隆博和德尔马斯特罗（Colombo，Delmastro，2000）对意大利的研究，鲍德温和扬（Baldwin，Yan，2011）对加拿大的研究则得出了相反的结论。此外，瓦格纳（Wagner，2011）首次考察了国际贸易对企业生存的影响，基于德国数据的研究发现，进口贸易和双向贸易均有利于促进企业生存，但出口贸易对企业生存作用甚微。

近年来，随着微观数据可获得性的增强，中文文献也开始对中国企业生存的影响因素进行了实证研究。例如，则等（Che et al.，2011）以及史宇鹏等（2013）考察了产权保护制度与企业生存之间的关系；

邓子梁和陈岩（2013）以及吴小康和于津平（2014）分析了外商直接投资对企业生存的影响；叶宁华和包群（2013）、逯宇铎等（2014）以及肖兴志等（2014）分别针对信贷配置、国际贸易、能力积累和扩张行为与企业生存的关系进行了深入分析。分析以上文献，我们不难发现，尽管目前国内外针对企业生存问题的研究取得了一定的进展，但是，中间品进口这一因素的作用却被忽略了。

与本章紧密相关的另一类文献，则是关于中间品进口和企业绩效的相关研究。巴斯（Bas，2012）使用阿根廷 1992～1996 年的企业数据，分析了中间投入品贸易自由化对企业出口决策的影响，发现中间投入品关税降低会导致更多的企业进入出口市场。在此基础上，有文献进一步直接使用中间品进口的相关数据来考察中间品进口对企业出口扩展边际和集约边际的影响。其中，冯等（Feng et al.，2012）使用中国 2002～2006 年微观企业数据的研究表明，中间产品进口量的提高和种类的增加促进了企业出口额的增长和出口产品范围的扩大，并且上述效应受到中间品进口来源国经济发展水平和行业研发密集度的影响。巴斯和斯特劳斯－卡恩（Bas，Strauss-Kahn，2014）使用法国数据的经验研究认为，中间品进口及其种类的扩大能够促进企业出口扩展边际的提高。随后，张杰等（2014）进一步比较了中间品进口和资本品进口引致出口贸易的力度，发现前者的作用远大于后者，此外，文献还深入分析了进口引致出口的内在机理，将其概括为"进口生产率提升—自我选择效应—出口"。

此外，田巍和余淼杰（2013）对中国的研究以及图尔科和马焦尼（Turco，Maggioni，2013）对意大利企业的研究也得到了类似的结论。张杰（2015）基于中国工业企业数据库、海关贸易数据库以及国家专利数据库的合并数据，考察了资本品和中间品进口对中国制造业企业创新行为的影响。发现中间品进口对一般贸易企业发明、实用新型和外观设计这三种专利行为均具有促进效应，而对于加工贸易企业以及混合贸易企业而言，均产生了不同程度的抑制效应。与上述文献不同的是，余淼杰和李晋（2015）在引入产品差异化分类的基础上，考察了中间品进口和最终品进口对企业生产率水平的影响，认为同质性产品的生产企业的中间投入品进口比异质性较强的企业更有利于企业生产率水平的提升，并且对于最终品进口也存在类似的效应。

但遗憾的是，目前仍未有文献专门从企业生存的角度来检验中间品进口的经济效果以及其在产品差异化视角下的异质性。

此外，本章的研究还涉及进口技术溢出方面的研究文献。进口贸易是经济体间技术转移和扩散的重要渠道，其能够为很多后发国家创造学习先进技术的良好机遇（Keller，2004；Keller，Yeaple，2009；Castellani et al.，2010；Kasahara，Lapham，2013）。一方面，发展中国家通过与技术领先国家进行贸易可以获得高质量、多种类的中间产品及资本设备，进口企业可以利用进口品获取国际市场动态、产品质量控制以及新技术发展等方面的有效信息，再通过溢出渠道传递给其他相关企业，进而促进企业创新和技术水平的提高（Seker，Rodriguez-Delgado，2011）；另一方面，可以拓宽交流渠道、扩大市场，进而学习发达国家先进的生产方法、产品设计和组织管理方法（Grossman，Helpman，1991）。戈德堡等（Goldberg et al.，2010）对印度企业的实证研究发现，中间产品进口对于企业产品创新具有积极影响。陆和额（Lu，Ng，2012）对中国企业随机抽样调查数据的研究表明，中国企业的进口渗透率与企业创新研发概率之间存在显著的正相关关系。楚明钦和丁平（2013）进一步考察了中间品进口和资本品进口的技术溢出对中国全要素生产率的积极影响。

尽管不少证据支持进口存在正向技术溢出的观点，但是也有学者认为，短期内进口的大量增加可能导致企业间竞争加剧，激烈的竞争会挤压国内企业的利润空间，进而对国内企业研发投入产生替代效应和挤压效应，最终导致企业反复进口，形成进口依赖的局面（Aghion，Howitt，1992）。尽管上述文献全面分析了进口技术溢出对中国企业绩效的影响，但囿于数据的可获得性，他们大多仅使用国家层面、地区层面或是行业层面的宏观数据进行分析，而这种使用宏观数据进行分析的方式往往会存在加总偏差（Dekle et al.，2007）、同步偏差（Adolfson，2001）以及构建总量指标时可能出现的测量误差，从而无法探察进口技术溢出对异质性企业的微观影响，即忽略了进口技术溢出在企业间的异质性。因此，上述研究对于进口技术溢出与企业绩效之间关系的认识仍然是有限的。

　　本章的研究建立在上述文献的基础之上，但在研究视角和方法上有着本质的不同。具体而言，本章可能的拓展主要体现在以下几个方面：

　　第一，在研究视角上，不同于既有文献主要从企业创新、企业生产率以及企业出口等角度来考察中间品进口的经济绩效（Amiti，Konings，2007；Kasahara，Rotrigue，2008；余淼杰，李晋，2015；张杰，2015），本章从企业生存这一视角进行深入评估，进而丰富了有关中间品进口经济绩效的研究文献。另外，现有涉及企业生存影响因素的文献基本上忽略了中间品进口这一因素的作用，本章则基于中国进出口贸易均衡发展战略的实施和中间品进口规模与日俱增这一典型事实，系统地评估了中间品进口对企业生存的微观效应，进而为理解中国企业的市场存活提供了新的思路。

　　第二，在研究方法上，为了克服样本选择性偏差可能对研究结论带来的影响，我们先采用倾向得分匹配（propensity score matching，PSM）方法为中间品进口企业寻找合适的非中间品进口企业，在匹配样本的基础上，进一步采用离散时间 cloglog 生存模型进行估计，即基于匹配样本的 cloglog 生存估计比通常的生存分析可以得到更为可靠的结果。

　　第三，本章不仅分析了中间品进口对企业生存的平均影响效应，而且考察了不同强度质量水平的中间品进口对企业生存的异质性影响，在此基础上进一步通过引入中介效应模型进行影响机制检验，从而深化了我们对于中间品进口与企业生存之间关系的理解。值得注意的是，本章首次测算了企业层面的进口技术溢出效应，从而可以为量化中间品进口的技术溢出效应提供来自微观企业层面的经验证据。

　　第四，作为拓展分析，本章将产品差异化问题引入中间品进口与企业生存问题的分析之中，并以产品差异化为切入点来分析中间品进口对于同质产品和差异化产品这两类不同企业生存的异质性影响，这对于提高中间品进口的效率具有重要的启示作用。

　　基于 2000～2007 年的中国工业企业数据库和海关贸易数据库，本章综合采用倾向得分匹配与生存分析方法进行深入的实证研究。结果表明，中间品进口在总体上降低了企业退出市场的风险率，即倾向于延长企业的经营持续时间；但进一步的研究表明，只有中高质量的中间品进口显著地延长了企业的持续经营时间，而低质量的中间品进口则提高了企业退出市场的风险率。在此基础上，本章还采用中介效应模型进行了传导机制检验，发现"成本节约效应"和"技术溢出效应"是中高质量的中间品进口促进企业市场存活的重要渠道。最后，通过引入劳赫（Rauch，1999）的产品差异化程度数据之后，本章发现，中间品进口对同质性产品和差异化产品的生产企业的生存均具有积极影响，并且前者的作用相对更大。

2.2　研究假说

在对已有相关研究回顾梳理的基础上，在这一部分，我们对中间品进口与企业生存之间的关系进行简要的理论分析并提出相应的研究假说，从而可为接下来的实证研究提供理论基础和可能的作用机制。

能否在市场上持续生存关系到每个企业的成长，是企业乃至整个社会关注的重大话题（逯宇铎等，2014）。从财务角度而言，只有当企业的收益大于支出或者前者的增长幅度大于后者时，企业才能在市场上持续经营。一方面，中间品进口作为企业总成本的一部分，在本质上可以通过进口种类繁多的中间品，以实现国内外两个市场和两种资源的最优配置和互补（Halpern et al.，2009），并降低生产成本进而影响企业的偿付能力；另一方面，进口中间产品的企业能够引入更多的新产品种类，从而增加了企业利润，可以增强企业偿还债务的能力。在其他条件不变的情况下，企业在获得更多种类的中间品之后，由于生产成本降低和收益增加，无疑会为其持续经营的实现创造更多的成本和利润优势，进而在总体上对企业的市场存活产生正向影响。此外，一些研究还发现，融资约束对中国企业的市场存活已构成了实质性的威胁（陈勇兵，蒋灵多，2012；叶宁华，包群，2013），特别是小型企业的生存受其影响尤为显著。而与购买国内中间品相比，质优价廉的中间品进口可以通过降低企业的资金成本来缓解其融资约束的程度，从这一角度而言，中间品进口也有利于企业的市场存活。

同时，企业的市场存活能力还受到自身技术水平的影响（Geroski，1995；Cefis，Marsili，2006），技术水平是企业生存的内在动力，也是企业在市场上保持竞争优势和持续经营的前提（Fontana，Nesta，2009）。而中间品进口引致的国际技术溢出，是提高企业技术水平的一条重要途径（Grossman，Helpman，1991；Eaton，Kortum，2002）。国内厂商将进口的中间品用于本国的生产过程，一方面，利用外国中间品中包含的专业技术知识和相应的研发成果来提高劳动生产率；另一方面，通过进口中间品的使用节约了研发成本，因而进口对本国厂商产生了"技术溢出"。凯勒（Keller，2002）在其研究中指出，由于中间品中包含了大量研发成果，因此先进的中间品贸易是技术转移的重要方式。有学者在研究关税与技术转移关系时指出，若南方国家对中间品进口进行补贴，会产生技术转移，说明中间品进口是向南方国家技术转移的重要渠道。随着国际分工的日益加深及中间品贸易的增长，由中间品贸易引起的技术扩散将会增加（Horiuchi，Ishikawa，2009）。

值得注意的是，中间品进口的积极影响会受到所进口的中间品的质量和企业的贸易方向的影响。

首先，在进口质量方面，冯等（Feng et al.，2014）对中国的研究发现，中间品进口对企业出口的影响受到进口来源国和行业研发水平的影响，其从 OECD 国家进口比从非 OECD 国家进口对于出口的促进作用更大，在高技术行业中进口中间品更有利于企业扩大出口，并且，中间品进口对企业出口行为的积极影响在私营企业要大于外商投资企业。此外，张杰等（2014）的研究也证实了上述结论。汪建新等（2015）用进口中间品的单位平均价格来衡量其质量和技术含量，研究认为，进口的中间投入品质量越高，其对企业经营绩效的积极影响越显著。

其次，在贸易方向方面，企业通过中间品进口可以适当地降低生产成本，并且，通过引进国外先进产品、技术及管理经验后，通过技术溢出和对国外技术的吸收往往能够拓展产品种类，并促进自身技术创新能力的提升。在此基础上，如果企业同时从事出口贸易，那么，一方面，该类企业面对的消费者及产品需求将更加多元化；另一方面，因国内政治和自然因素等不可抗力给企业经营与倒闭带来的影响也将减少，因而能够充分享受到出口贸易带来的好处，企业倒闭的风险将大大降低。由此，我们推断企业同时从事出口与进口，即从事"双向贸易"后，中间品进口引致的成本节约效应和技术溢出效应能够得以强化，从而企业生存时间将得到更大程度的延长（逯宇铎等，2014）。

基于以上分析，我们提出以下两个待检验的研究假说：

研究假说1：中间品进口能够促进企业的市场存活，但上述效应会受到进口的中间品自身质量水平和企业贸易方向的影响。其中，高质量的中间品进口有助于改善企业的市场存活，而低质量的中间品进口则可能会降低企业的市场存活率；双向贸易对企业生存的积极影响大于单向贸易。

研究假说2：中间品进口会通过多样化优质要素获得的成本节约效应和技术溢出效应对企业生存产生积极影响。

劳赫（Rauch，1999）在SITC标准下将产出品分为同质产品和差异化产品两种类型，其中，同质产品包括能够在交易所交易的同质性产品和只能在行业清单中看到指导价格的同质性产品。由于细微的产品差别，在国际统一的标准或者测度下，同质产品几乎可以达到从质量到规格的一致性，也正是由于较小的产品差异，导致同质产品在国际贸易中往往存在较大的替代性。相比之下，产品差异化较大的行业角逐将更集中于品牌性的竞争和质量优劣的竞争，对外贸易对于差异化产品的影响不仅包括竞争中的替代效应，也包括国际技术扩散带来的产业升级和技术升级。对于差异化产品而言，品牌效应的存在使得这类产业的产品差异化程度提高，并且在极端情况下，这类产品的差异化会导致大量细微产业的产生。整体而言，对外贸易进口对企业生存的影响，对于异质性产品行业来说可能更为复杂（余淼杰，李晋，2015）。

在存在中间品进口的情况下，企业能够通过成本节约效应和技术溢出效应获得积极影响。但是，与异质性产品行业相比，同质性产品行业中企业生产的产品一般拥有统一标准的价格和指导价格，在生产制作流程以及投入品价格等方面均较为相似，因此，在同等条件下，同质性产品行业中企业在市场谈判力量方面更具优势，并依靠自身较强的谈判能力获得种类更多、质量更高的中间投入品，而由此带来的成本节约效应和技术溢出效应相对也更大。根据以上论述，我们提出以下待检验的研究假设：

研究假设3：与异质性产品的生产企业相比，中间产品进口对同质性产品生产企业生存的积极影响更大。

2.3　研究设计和数据

2.3.1　研究设计

本章致力于考察中间品进口对企业生存的影响，但是，在现实中企业的中间品进口行为并不是随机的：其一，能够从事中间品进口的企业其在经营风险把控和市场生存能力方面可能就具有优势，而这些优势也会反过来影响其中间品进口行为；其二，中间品进口和企业生存可能会受到一些诸如企业生产效率、企业规模等因素的共同影响。而上述两方面的因素，可能会导致本章在样本选择方面的内生性问题。基于此，在实证分析之前，我们首先，使用倾向评分匹配方法（PSM）对样本进行适当的处理以解决样本选择性偏差问题；其次，基于匹配后的样本构建生存模型进行计量分析。

需要说明的是，上述倾向评分匹配的样本基础是中国工业企业和海关数据的匹配数据。在该样本结构下，比如，有些企业在样本期内退出了进出口贸易市场，但事实上并不一定代表其倒闭进而完全退出，而可能仅仅是由出口转内销，如果忽略这类问题，将会导致我们对企业生存能力的估计产生偏误。为了准确起见，我们在构造样本时进行了以下处理：首先，使用中国工业企业数据库来构造生存分析样本；其次，将工业企业数据和海关数据匹配得到的样本与上述生存分析样本进行合并；最后，使用倾向评分匹配方法（PSM）对上述合并样本进行处理以得到本章最终分析时使用的样本。

PSM 方法估计的具体步骤如下：为了避免不同时期的同一企业被视为不同的企业而可能出现的相互匹配问题（De Loecker，2007），我们将新开展中间品进口的企业作为处理组，将样本区间内始终是最终品进口或非进口的企业作为对照组。具体地，我们构造一个二元虚拟变量 $Input_i$，设 $Input_i = 1$，表示企业 i 为处理组企业，$Input_i = 0$，表示企业 i 为对照组企业，倾向得分匹配的基本思路是，构建一个与处理组企业在开展中间品进口之前的主要特征尽可能相似的对照组企业，然后，将处理组中企业与对照组中企业进行匹配，使得匹配后的两个样本组的配对企业之间仅在是否开展中间品进口方面有所不同，而其他方面相同或十分相似，这样就可以在很大程度上降低样本的选择偏差。

具体而言，我们采用马氏距离配对法为处理组（即新开展中间品进口的企业）寻找倾向得分最为接近的对照组（即最终品进口或最终品非进口的企业），将其作为前者的匹配对象。根据既有的理论与经验研究文献，我们选取的匹配变量 X_{it-1} 包括以下几个，企业生产率（tfp），采用奥莱和帕克斯（Olley，Pakes，1996）的方法估算得到，其主要特点是使用投资作为企业受到生产率冲击时的调整变量;[①] 企业规模（size），采用企业销售额取对数来衡量，这里企业销售额采用了以1998年为基期的工业品出厂价格指数进行平减；企业年龄（age），用当年年份与企业开业年份的差来衡量；政府补贴（subsidy），我们引入政府补贴变量来控制政府的产业扶持力度和干预程度对企业生存的影响，本章用补贴收入与企业销售额的比值取对数表示政府补贴力度；企业利润率（profit），用营业利润与企业销售额的比值来衡量；融资约束（finance），采用利息支出与固定资产的比值来衡量，如果该值越大则表明企业面临的融资约束程度越小；国有企业虚拟变量（state）和外资企业虚拟变量（foreign）用来反映企业的所有制结构特征。

马氏距离配对主要是基于这样一种思想，对于任意的处理组企业 i 和对照组企业 j，i 与 j 间的距离 d_{ij} 为：$d_{ij} = (U_i - U_j)^T \times C^{-1} \times (U_i - U_j)$。其中，$U_i$ 和 U_j 分别为 i 和 j 的匹配变量值，C 为对照组中各匹配变量值的协方差矩阵。因此，对于处理组观测值 i，只有那些具有最小的 d_{ij} 值的一个对照组观测值或几个对照组观测值被选择作为新的对照组。这里，我们将配对比例确定为1∶2。此外，由于配对后对照组中可能存在重复记录，我们将重复记录从对照组中剔除。在进行马氏距离配对之后，我们提取处理组企业 i 和对照组企业 j 组成新的样本，即匹配后的样本。

限于篇幅，表2-1 只给出了 2003 年处理组与对照组企业在配对前后主要指标的比较结果。[②] 从中可以看出，对于匹配之前的样本，中间

---

① 这里没有给出采用 OP 法测算企业生产率的具体步骤，感兴趣的读者可以向作者索取。
② 另外，对其他年份处理组与对照组的检验均得到了可靠的配对效果，限于篇幅，在此没有一一列出。

品进口企业在政府补贴、生产率、企业规模、融资能力、企业利润率等指标方面均显著地优于非中间品进口企业，这与巴斯等（Bas et al.，2012）的研究结论较为吻合。由于进口中间品的企业能够获得较多种类和数量的中间品，这些进口投入品质量可能更高、种类更多，能替代本国的投入品，并通过进口中间品的"成本节约效应"和"技术溢出效应"促进企业的市场存活。并且，由马氏距离匹配后的 t 检验相伴概率可知，中间品进口企业与非中间品进口企业在主要特征变量上均没有显著差异，这说明马氏距离匹配取得了较好的效果，即通过匹配为处理组企业找到了合适的对照组企业。

表 2-1　配对前后处理组企业与对照组企业主要指标的比较（2003 年）

变量名称	处理	均值		标准偏差（%）	标准偏差减少幅度（%）	t 统计量
		处理组	对照组			
tfp	匹配前	8.6368	8.5236	25.08	86.12	8.63
	匹配后	8.6368	8.6153	3.48		0.46
size	匹配前	10.260	9.042	63.44	92.18	12.07
	匹配后	10.260	10.303	-4.96		-0.32
age	匹配前	8.3773	8.3681	7.54	88.59	1.34
	匹配后	8.3773	8.3791	-0.86		-0.05
subsity	匹配前	0.4846	0.4456	12.64	90.98	3.69
	匹配后	0.4846	0.4821	1.14		0.75
profit	匹配前	1.0251	0.5241	44.41	96.60	1.16
	匹配后	1.0251	1.0248	1.51		0.57
finance	匹配前	1.0343	0.6330	36.41	86.51	2.27
	匹配后	1.0343	1.0335	4.91		0.99
state	匹配前	0.0640	0.0658	-2.99	52.84	-0.40
	匹配后	0.0640	0.0628	1.41		0.27
foreign	匹配前	0.1835	0.1812	0.93	-45.27	0.72
	匹配后	0.1835	0.1912	-1.76		-0.90

　　在上述倾向得分匹配样本的基础上，我们构建离散时间 cloglog 生

存模型考察中间品进口对企业生存的影响,[1] 借鉴史蒂文等（Esteve et al.，2012）的做法，我们将具体模型设定如下：

$$\text{cloglog}(1 - h_{it}) = \log(-\log(1 - h_{it}))$$
$$= \varphi_0 + \varphi_1 \text{Input}_{it} + \varphi \times \vec{Z}_{ijkt} + \tau_t + v_j + v_k + v_t + \varepsilon_{ijkt}$$
$$(2-1)$$

在式（2-1）中，$h_{it} = \text{Pr}(T_i < t+1 | T_i \geq t, x_{it}) = 1 - \exp[-\exp(\varphi'x_{it} + \tau_t)]$ 表示离散时间风险率，如果被解释变量 $\text{cloglog}(1 - h_{it})$ 越大，则表明企业的风险率越高或生存概率越低；τ_t 为基准风险率，它为时间的函数，可用于检验时间依存性的具体形式；x_{it} 为协变量，包括中间品进口哑变量 Input 及控制变量向量 $\vec{Z}_{ijkt}$；v_j、v_k 和 v_t 分别表示行业、地区和年份特定效应，ε_{ijkt} 表示随机扰动项。具体地，控制变量包括企业生产率（tfp）、企业规模（size）、企业年龄（age）、政府补贴（subsity）、企业利润率（profit）、融资约束（finance）、国有企业虚拟变量（state）和外资企业虚拟变量（foreign），它们的定义与上文类似。

2.3.2 数 据

本章实证分析中使用的是 2000~2007 年中国海关数据库和工业企业数据库的匹配数据，其中，海关数据来自中国海关总署，企业层面数据来自国家统计局的工业企业统计数据库。我们参照余（Yu，2015）、厄普瓦尔德等（Upward et al.，2013）的方法，对两套数据进行了合并，并且对于合并成功的样本，我们进行了以下处理：（1）删除雇员人数小于 8 人的企业样本；（2）删除企业代码不能一一对应、贸易额为零值或负值的样本；（3）删除工业增加值、中间投入额、固定资产净值年平均余额以及固定资产中任何一项存在零值或负值的企业样本；（4）删除企业销售额、平均工资存在零值或负值的企业样本；（5）删除企业年龄小于零的企业样本；（6）贸易中间商可能存在价格调整，

---

[1] 这主要是考虑到相对于连续时间生存模型（如 Cox 模型）而言，离散时间生存模型具有可以有效地处理结点问题、易于控制不可观测的异质性，以及无须满足"比例风险"的假设条件等优势。赫斯和佩尔松（Hess，Persson，2012）对这两种模型的优劣势进行了详细阐述。

出口产品价格和数量信息并不能真实反映生产企业的成长情况，因此，剔除掉贸易中间商样本，即企业名称中带有"贸易""进出口""物流""工贸""经贸"的企业样本（Amiti et al.，2012）；（7）剔除样本中以中国为出口目的地和以中国为进口来源地的样本（Feng et al.，2012）。

　　本章的一个关键工作之一，是对中间产品进口信息的识别，具体地，我们使用联合国（broad economic catalogue，BEC）的分类法来识别企业的进口中间产品（Feng et al.，2012），其中，BEC 代码为"111""121""21""22""31""322""42""53"等八类是本章要研究的中间品，我们通过将 BEC 码和 HS6 编码进行对应，来识别每个企业从不同来源国进口的中间产品，[①] 据此，我们可以得到每个企业历年的中间品进口额和中间品进口种类。其中，每个 HS6 商品与进口国的组合就代表一种中间品进口，也就是相关文献中所定义的中间品进口多样性指标。

2.4　基本估计结果与分析

2.4.1　基于 PSM 样本的生存分析基本估计结果

　　表 2－1 中匹配变量的平衡性检验结果表明，本章的匹配效果比较理想，下文将利用匹配后的样本进行生存分析，以考察中间品进口对企业生存的微观影响。

　　在生存分析方法中，常用生存函数（survivor function）来描述生存时间的分布特征。这里，将企业的生存函数定义为企业在样本中持续经营时间超过 t 年的概率，表示为：

$$S(t) = Pr(T > t) = \prod_{k=1}^{t} (1 - h_k) \tag{2-2}$$

在式（2-2）中，T 表示企业保持存活状态的时间长度，h_k 为风险函数，表示企业在第 t－1 期正常经营的条件下，在第 t 期退出市场的概率。进

---

　　① 由于 HS6 位码中间品进口数据所基于的协调编码版本不一致，我们将产品编码的统计口径统一为 HS 2002 版本。

一步，生存函数的非参数估计通常由 Kaplan-Meier 乘积项的方式给出：

$$\hat{S}(t) = \prod_{k=1}^{t} [(N_k - D_k)/N_k] \qquad (2-3)$$

在式（2-3）中，N_k 表示在 k 期中处于风险状态中的持续时间段的个数，D_k 表示在同一时期观测到的"失败"对象的个数。

在采用计量模型（2-1）进行正式的 cloglog 生存估计之前，我们先采用 Kaplan-Meier 估计式初步考察中间品进口对企业经营持续期的影响。在图 2-1a 中，我们绘制了有中间品进口企业（即 Input=1）与没有中间品进口企业（即 Input=0）的经营持续时间的 Kaplan-Meier 生存曲线。从中可以看到，有中间品进口的企业其 Kaplan-Meier 生存曲线位于较高的位置，这表明，与没有中间品进口的企业相比，有中间品进口的企业其经营持续时间相对更长。

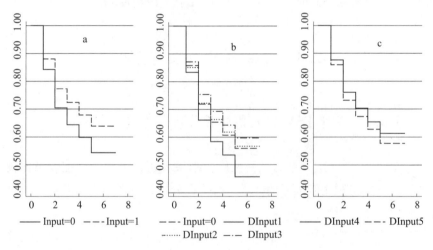

图 2-1 Kaplan-Meier 生存曲线

资料来源：作者根据样本数据计算绘制而得。

进一步，我们以进口中间品质量①的三分位数为临界点，将中间品进口企业划分为三种类型（DInput1，DInput2，DInput3），其中，DInput1 表示中间品进口质量最低的企业组，DInput3 表示中间品进口质量最高的企业组。对它们的经营持续时间的 Kaplan-Meier 生存估计绘制在

---

① 以中间品的单位价值来近似地表示其技术含量。

图 2 – 1b 中。可以直观地看到，在大多数的持续时间段，DInput1 组的 Kaplan-Meier 生存曲线与没有中间品进口企业的较为相近，而其余组别企业的 Kaplan-Meier 生存曲线则位于相对较高的位置。这初步反映了中间品进口和企业经营持续时间的关系受到中间品进口质量的制约，即与低质量中间品进口企业相比，中间品进口质量较高的企业其经营持续时间相对较长。此外，我们根据企业贸易方向的不同，将中间品进口企业划分为双向贸易企业 DInput4 和单向贸易企业 DInput5，图 2 – 1c 显示双向贸易企业的生存曲线始终高于单向贸易企业。也就是说，双向贸易企业的经营持续时间更长。

当然，图 2 – 1 只是较为初步地描述中间品进口与企业经营持续时间之间的可能关系，不过考虑到中间品进口与企业经营持续期之间的关系可能会受到生产率、规模等企业自身异质性特征的影响，同时，它还可能会受一些非观测因素的影响。为了更准确地考察中间品进口对企业经营持续期的影响，接下来，我们将进一步采用 cloglog 生存模型（2 – 1）进行更为严谨的估计。

表 2 – 2 报告了基于匹配样本的离散时间 cloglog 生存模型估计结果。其中，前 3 列对基准模型（2 – 1）进行估计，在第（1）列中只控制企业层面的影响因素；第（2）列在此基础上控制了非观测的地区效应和年份效应；第（3）列则进一步控制了行业效应。我们发现，核心解释变量 Input 的估计系数符号和显著性水平没有发生实质性变化，这说明回归结果具有较好的稳健性。

下面，以第（3）列最为完整的回归结果为基础进行分析。从中可以看到，变量 Input 的估计系数为负并通过 1% 水平的显著性检验，这表明中间品进口在总体上倾向于降低企业退出市场的风险率，即延长了企业的持续经营时间。对此可能的解释是，正如本章理论分析部分所指出的，进口中间产品的企业能够引入更多的新产品种类，从而增加了企业利润，可以增强企业的偿债能力；并且，企业在从事中间品进口贸易活动后，能够通过技术溢出渠道和进口学习等方式，降低退出风险，进而在总体上对企业的市场存活产生正向的影响。

从控制变量的估计结果可以看到，企业生产率（tfp）的估计系数显著为负，说明企业的生产率越高，其经营的持续时间就越长，这与通常的预期是相符的，因为生产率水平可以在很大程度上体现一个企业的核心竞争力。企业规模（size）的估计系数为负且通过 1% 水平的显著性检验，表明规模越大的企业具有相对更长的经营持续期，其原因可能是大型企业往往拥有雄厚的资本、丰富的管理经验和较强的科研实力，因此，抵御外部市场不利冲击的能力往往也较强。企业年龄（age）的估计系数显著为正，这表明年龄越大的企业退出市场的风险率越高。政府补贴（subsity）的估计系数显著为正，对其可能的解释是，企业对政府补贴的依赖以及其为获取高额度补贴而产生的"寻租"成本部分地挤出了企业的生产和研发投资，从而不利于企业的市场存活（毛其淋，许家云，2015）。企业利润率（profit）的估计系数也显著为负，即利润率越高的企业具有更长的经营持续期，这也与通常的预期是一致的。融资约束（finance）的估计系数显著为负，也就是说，企业的融资能力越强，其在市场上的存活能力越强。最后，国有企业虚拟变量（state）的系数显著为正，而外资企业虚拟变量（foreign）的系数显著为负，这与逯宇铎等（2014）的结论较为一致，也就是说，外资企业比内资企业的持续经营时间更长。

表 2 - 2   基于匹配样本的生存估计结果

变量	（1）	（2）	（3）	（4）	（5）	（6）	（7）
Input	- 0. 1869*** (- 4. 52)	- 0. 1990*** (- 5. 23)	- 0. 2015*** (- 5. 70)				
Input × DInput1				0. 0324*** (4. 64)	0. 0366*** (4. 75)	0. 0402*** (4. 31)	
Input × DInput2				- 0. 0090*** (- 3. 28)	- 0. 1121*** (- 4. 37)	- 0. 1210*** (- 4. 63)	
Input × DInput3				- 0. 1071*** (- 4. 38)	- 0. 1305*** (- 3. 76)	- 0. 1526*** (- 5. 42)	
Input × DInput4							- 0. 1127*** (- 4. 83)
Input × DInput5							- 0. 1086*** (- 5. 68)
tfp	- 0. 0235*** (- 4. 16)	- 0. 0193*** (- 4. 37)	- 0. 0126** (- 2. 12)	- 0. 0156** (- 2. 25)	- 0. 0176 * (- 1. 75)	- 0. 0129*** (- 4. 05)	- 0. 017 * (- 1. 83)
size	- 0. 1185*** (- 5. 32)	- 0. 1792*** (- 6. 23)	- 0. 2014*** (- 5. 72)	- 0. 1362*** (- 5. 42)	- 0. 1507*** (- 6. 63)	- 0. 1689*** (- 6. 12)	- 0. 1328*** (- 5. 89)
age	0. 0103*** (3. 87)	0. 0127*** (3. 66)	0. 0153*** (4. 19)	0. 0211*** (4. 57)	0. 0176*** (5. 18)	0. 0176*** (4. 32)	0. 0104*** (4. 89)

续表

变量	(1)	(2)	(3)	(4)	(5)	(6)	(7)
subsity	-0.0269***	-0.0311***	-0.0370***	-0.0376***	-0.0423***	-0.0218***	-0.0542***
	(-5.12)	(-4.39)	(-5.16)	(-5.05)	(-5.76)	(-5.04)	(-5.87)
profit	-0.2152***	-0.1921***	-0.1804***	-0.1904***	-0.1690***	-0.1468***	-0.1762***
	(-6.75)	(-6.92)	(-6.14)	(-7.32)	(-6.25)	(-5.04)	(-7.60)
finance	-0.1583***	-0.1603***	-0.1523***	-0.1367***	-0.1421***	-0.1218***	-0.1458***
	(-6.36)	(-5.63)	(-7.05)	(-4.90)	(-5.16)	(-5.11)	(-5.80)
state	0.4722***	0.5032***	0.5218***	0.4320***	0.5042***	0.5128***	0.3983***
	(7.98)	(8.11)	(7.37)	(7.37)	(7.12)	(7.05)	(7.05)
foreign	-0.0152	-0.0420***	-0.0531***	-0.0120	-0.0431***	-0.0562***	-0.0682***
	(-0.73)	(-4.84)	(-4.04)	(-1.32)	(-3.69)	(-3.79)	(-3.98)
常数项	-0.2383***	-1.2350***	-0.9832***	-1.2164***	-0.9053***	-0.6056***	-0.9054***
	(-5.83)	(-4.62)	(-7.83)	(-5.89)	(-6.78)	(-7.23)	(-7.87)
年份效应	No	Yes	Yes	No	Yes	Yes	Yes
地区效应	No	Yes	Yes	No	Yes	Yes	Yes
行业效应	No	No	Yes	No	No	Yes	Yes
观察值	97093	96658	96658	97093	96658	96658	96658

注：括号内数值为纠正了异方差后的 t 统计量；***、** 和 * 分别表示 1%、5% 和 10% 的显著性水平。

以上分析了中间品进口对企业市场存活的平均影响，但正如本章第二节理论假说分析所指出的，中间品进口对企业市场存活的影响效应还可能因进口的中间品质量和贸易方向的不同而存在差异。为了更深入地揭示中间品进口与企业市场存活之间的关系，我们在基准模型（2-1）的基础上进一步引入中间品进口质量水平和贸易方向的异质性。具体的做法是，将中间品进口质量水平按由小到大排序的三分位数为临界点，将这部分企业进一步划分为三种类型（DInput1，DInput2，DInput3）。其中，Input × DInput1 表示进口的中间品质量最低的企业类型，Input × DInput2 和 Input × DInput3 分别表示中等中间品质量和高中间品质量的企业类型。按照企业贸易方向的不同划分为两种类型（DInput4，DInput5），Input × DInput4 和 Input × DInput5 分别表示双向贸易和单向贸易的企业类型。为了检验不同分组的中间品进口对企业市场存活的异质性影响，对式（2-1）的基准模型进行扩展，得到：

$$cloglog(1 - h_{it}) = \varphi_0 + \sum_{\omega=1}^{5} \varphi_\omega \times Input_{it} \times DIput\omega +$$

$$\varphi \times \vec{Z}_{ijkt} + \tau_t + v_j + v_k + v_t + \varepsilon_{ijkt} \qquad (2-4)$$

DIputω（ω = 1，2，3，4，5）表示中间品进口的质量分类指标和贸易方式分类指标，我们可以通过比较系数 φ_ω 来识别不同质量水平的中间品进口和不同贸易方向对企业市场存活的异质性影响效应。表 2 - 2 中后 4 列报告了对式（2-4）扩展模型的估计结果。其中，第（4）列只控制企业层面的影响因素；第（5）列在此基础上控制了非观测的地区效应和年份效应；第（6）列则进一步控制了行业效应的完整回归结果。从表 2 - 2 中第（6）列可以看到，交叉项 Input × DInput1 的估计系数为正并通过 1% 水平的显著性检验，表明低质量的中间品进口提高了企业退出市场的风险率，即倾向于缩短企业的持续经营时间，结合本章第二节的分析，我们认为这可能是由于低质量的中间品自身隐含的技术较低，对企业的技术溢出效应微乎其微。此外，中国加工贸易企业往往是低质量中间品进口的"重镇"，这些企业以进料加工出口为主，从事简单的贴牌生产以赚取微薄的加工费，随着我国"人口红利"消失带来的劳动力成本提高和"新常态"下出口贸易结构升级的迫切需求，在竞争日益激烈的国际市场上，该类企业最容易遭到市场的淘汰。

除此之外，其他 2 个交叉项的估计系数均显著为负，不过，它们的系数绝对值存在显著的差异。其中，交叉项 Input × DInput3 的系数绝对值最大，这表明高质量的中间品进口对企业市场存活的促进作用较为显著。其可能的原因是：一方面，进口中间产品的企业能够引入更多的新产品种类，从而增加了企业利润，扩大了研发空间，由此引致的企业研发投入的提高不但可以提高企业的技术创新能力，还可以促进企业对已有技术的模仿和吸收（Shepherd，Stone，2012；田巍，余淼杰，2014）。戈德堡等（Goldberg et al.，2010）对印度数据的研究发现，获取中间投入品可以显著地提高企业研发和生产新产品的能力，数据中所观察到的产品范围扩大中有 31% 可由中间产品进口关税的降低来解释。另一方面，购买国外核心零部件和先进技术带来的技术转移效应，以及企业对国外中间产品中内含知识的吸收都可以降低企业的技术升级和创新成本，从而为企业生存能力提升创造更多的成本优势（王维薇，李荣林，

2014）。总体而言，以上回归结果较好地支持了研究假说1。

此外，从表 2 - 2 中的第（7）列可以看到，交叉项 Input × DInput4 和 Input × DInput5 的估计系数均为负并通过 1% 水平的显著性检验，但前者的系数绝对值大于后者，表明中间产品进口对双向贸易企业生存持续期的影响大于单向贸易企业。这可能是因为，中间品进口会通过"成本节约效应"和"技术溢出效应"促进企业经营持续时间的延长，而当中间品进口企业同时有出口行为后，一方面，消费者及产品需求更加多元化；另一方面，减少了因自然因素等不可抗力给企业经营与倒闭带来的影响，因而能够充分享受到出口贸易带来的好处，贸易失败风险即倒闭风险大大降低。由此我们判断，企业同时从事出口与进口即从事"双向贸易"后，由中间品进口和中间品出口带来的各种积极影响将得以强化，从而企业生存时间将得到更大程度地延长。

2.4.2　稳健性分析

第一，考虑样本延续性。

考虑到在中国海关数据库中，企业中间品进口的过程是动态变化的，即有些企业只进口一次中间品，有些企业间断从事中间品进口，而有些企业则在样本期限内连续进口中间品。为了稳健起见，我们还对剔除间断进口中间品企业、同时剔除间断进口中间品的企业和一次进口中间品的企业之后的样本，分别使用式（2 - 1）进行生存分析，具体结果见表2 -3的前两列。

观察表 2 - 3 中的回归结果，我们不难发现中间品进口对企业生存的影响系数并没有发生实质性的变化，也就是说，本章基准分析中的结论是稳健的。

第二，最近邻匹配方法的使用。

前文我们使用马氏距离匹配方法为处理组企业寻找相近的对照组企业。出于稳健性的考虑，我们还采用最近邻匹配（nearest neighbor matching）为处理组企业寻找相近的对照组企业。先用 logit 方法估计以下模型：$P = Pr \{Subsidy_{it} = 1\} = \Phi \{X_{it-1}\}$，对上式进行估计后可以得到概率预测值 $\hat{P}$。为了方便起见，我们用 $\hat{P}_i$ 和 $\hat{P}_j$ 分别表示处理组和对照组的概率预测值（或倾向得分），最近邻匹配的原则可表示为：

$$\Omega\ (i)\ = \min_{j} \| \hat{P}_i - \hat{P}_j \|, \ j \in\ (Subsidy = 0) \qquad (2-5)$$

在式（2-5）中，Ω（i）表示与处理组企业相对应的来自对照组企业的匹配集合，并且对于每个处理组 i，仅有唯一的对照组 j 落入集合 Ω（i）。这里，用于实证研究的样本包含所有的处理组企业 i 和配对后的对照组企业 j∈Ω（i）。基于最近邻匹配得到的样本进行稳健性分析，具体结果汇报在表 2-3 的第（3）列，具体来看，中间品进口各变量的回归系数和显著性水平依然较为稳健。

第三，中间品进口的其他衡量指标。

前文中，我们一直使用中间品进口的哑变量 Input 来检验中间品进口的作用，这里出于稳健性的考虑，我们使用企业中间品进口额与其销售额的比值来代理中间品进口变量（张杰等，2014）。基于式（2-1）的回归结果列示与表 2-3 中的第 4 列，通过分析第 4 列的回归结果，我们发现中间品进口依然显著地延长了企业的经营持续时间。

第四，剔除加工贸易样本。

考虑到加工贸易的特征本质上是"两头在外"的生产方式，也就是说，其用以加工生产成品的全部或部分原材料与零配件或生产设备购自国外，而加工生产的成品又销往国外。因此，加工贸易是由"大进口"和"大出口"的贸易形式来驱动的，对本章结论可能产生一定的影响。基于此，作为一种稳健性检验，我们将样本中的加工贸易以及含有加工贸易的混合贸易类型企业予以剔除，然后使用式（2-1）进行生存分析，表 2-3 第（5）列的回归结果证实了本章基准回归结论的稳健性。

第五，中间品进口的内生性问题。

考虑到简单地使用中间品进口作为企业生存的解释变量得出的回归结果可能会存在内生性问题，而内生性问题会使得模型估计的结果出现不一致。梅里兹（Melitz，2003）等的研究指出，企业的进口决策在很大程度上受到企业自身生产率的影响，而企业生存能力的重要体现便是其生产率水平，也就是说，企业生存会反作用于中间品进口，这种计量上的反向因果关系会产生内生性问题。出于稳健性的考虑，本章使用工具变量来解决这一内生性问题。借鉴冯等（Feng et al.，2014）的方法，我们使用企业层面的中间品进口关税作为企业中间品进口的工具变量。

工具变量的指标构造如下:

$$\tau_{it}^{input} = \sum_{p \in \Omega_{it}} \alpha_{ipt} \times \tau_{pt} = \sum_{p \in \Omega_{it}} \left(\frac{m_{ipt}}{\sum_{p \in \Omega_{it}} m_{ipt}} \right) \times \tau_{pt} \qquad (2-6)$$

在式（2-6）中，下标 i 表示企业，p 表示 HS6 位码产品，t 表示年份；Ω_{it} 表示企业 i 在第 t 年进口的产品集合；τ_{pt} 表示产品 p 在第 t 年的进口关税率；m_{ipt} 表示企业 i 对产品 p 在第 t 年的进口额；权重 $\alpha_{ipt} = m_{ipt} / \sum_{p \in \Omega_{it}} m_{ipt}$ 由第 t 年产品 p 的进口占企业 i 中间品总进口的比重来表示，它的取值随年份而变化。这里所用的产品关税数据，主要来自于 WTO 的关税（Tariff Download Facility）数据库以及世界银行的（WITS）数据库。

本章采用王（Wang，2013）的基于式（2-1）的存活模型的工具变量法进行估计，具体地，主要包括以下两个步骤：首先，使用上述工具变量对企业中间品进口进行估计，从而得到中间品进口的预测值；其次，把基于工具变量法得到的预测值代入生存模型进行重新估计，具体估计的结果显示于表 2-3 的第（6）列，观察回归结果我们不难发现中间品进口对企业生存的影响系数并没有发生实质性的变化，这与前文基准分析的结果吻合。这也说明，在进一步考虑中间品进口的内生性问题之后，本章结论依然稳健。

第六，考虑最终品进口的影响。

在前文的分析中，我们并没有考虑最终品进口对企业生存的可能影响，为了稳健起见，我们进一步在式（2-1）中控制最终品进口的影响。具体地，借鉴余淼杰和李晋（2015）的方法，用总的行业进口数据去除同一个行业中所有企业的进口得到行业层面最终产品的进口数据，其中，按照《国民经济行业分类（2002 年）》2 位码的分类标准计算得到的行业层面的最终产品进口额，回归时使用其对数形式（final）。相关回归结果见表 2-3 的最后一列，回归结果显示在控制最终品进口之后，中间品进口对企业生存的影响系数和显著性并没有发生实质性的变化，即最终品进口并不影响本章结论的稳健性。

表 2-3   稳健性检验

变量	（1）	（2）	（3）	（4）	（5）	（6）	（7）
Input	0.1990***	0.2192***	0.2059***	0.1878***	0.1902***	0.2105***	0.2037***
	(5.32)	(5.36)	(4.70)	(5.63)	(6.35)	(5.46)	(5.21)

续表

变量	(1)	(2)	(3)	(4)	(5)	(6)	(7)
final							0.1369***
							(3.57)
tfp	-0.0272***	-0.021***	-0.0270***	-0.0190***	-0.0299***	-0.0187***	-0.0322***
	(-6.77)	(-6.73)	(-6.68)	(-6.18)	(-8.63)	(-8.41)	(-5.70)
size	-0.1688***	-0.1687***	-0.1656***	-0.169***	-0.2058***	-0.1909***	-0.1380***
	(-4.80)	(-4.78)	(-4.47)	(-4.45)	(-3.76)	(-3.93)	(-3.67)
age	0.0171***	0.0160***	0.0171***	0.0132	0.0149***	0.0126***	0.0139***
	(6.76)	(6.82)	(4.05)	(0.22)	(8.27)	(8.11)	(6.64)
subsity	-0.0230***	-0.0434***	-0.0312***	-0.0415***	-0.0533***	-0.0562***	-0.0521***
	(-4.39)	(-4.82)	(-4.94)	(-5.65)	(-4.81)	(-4.56)	(-4.38)
profit	-0.2314	-0.2307***	-0.2365*	-0.2181	-0.3303***	-0.3342***	-0.2041***
	(-0.69)	(-2.68)	(-1.95)	(-0.62)	(-4.68)	(-4.73)	(-5.04)
finance	-0.1031***	-0.1129***	-0.1388**	-0.1759***	-0.1057*	-0.1120*	-0.1086***
	(-2.90)	(-2.91)	(-2.13)	(-2.68)	(-1.86)	(-1.92)	(-3.03)
state	0.4507**	0.4610**	0.4527***	0.4734***	0.4710***	0.4754***	0.3650***
	(2.14)	(2.02)	(2.72)	(3.15)	(3.52)	(3.61)	(3.80)
foreign	-0.0235	-0.0368***	-0.0563***	-0.0180	-0.0381***	-0.0504***	-0.0437***
	(-1.44)	(-4.09)	(-4.78)	(-1.56)	(-3.77)	(-3.82)	(-3.73)
常数项	-1.2432***	-1.2054***	-0.8609***	-1.1254***	-0.9863***	-0.8796***	-1.0398***
	(-5.86)	(-4.16)	(-4.77)	(-5.15)	(-6.43)	(-7.29)	(-6.70)
年份效应	Yes	Yes	Yes	Yes	Yes	Yes	Yes
地区效应	Yes	Yes	Yes	Yes	Yes	Yes	Yes
行业效应	Yes	Yes	Yes	Yes	Yes	Yes	Yes
观察值	94043	91293	96438	96621	77636	96321	95238

注：括号内数值为纠正了异方差后的 t 统计量，***、**和*分别表示 1%、5% 和 10% 的显著性水平。

2.5 中间品进口与企业生存：作用机制检验

通过前文分析我们发现，中间品进口对企业经营持续时间的正向作用与进口中间品的质量水平呈正比，并且，中间产品进口对双向贸易企业生存持续期的影响大于单向贸易企业。那么，我们不禁要问，中间品进口对企业经营持续时间的作用机制到底是怎样的？下面，我们将通过构建中介效应模型对其可能的传导机制进行检验。对这一问题进行深入研究，有助于深化我们对中间品进口与企业存活关系的认识，并且可以为我国当前进口贸易政策的优化调整提供微观基础。

中介效应模型的基本程序分三步进行：首先，将因变量对基本自变量进行回归；其次，将中介变量（边际成本和技术溢出）对基本自变量进行回归；最后，将因变量同时对基本自变量和中介变量进行回归。本章完整的中介效应模型由以下方程组构成：

$$\text{cloglog}(1 - h_{it}) = a_0 + \varphi \text{Input}_{it} + \varphi \times \vec{Z}_{ijkt} \qquad (2-7)$$

$$\text{Cost}_{it} = b_0 + \delta \text{Input}_{it} + \delta \times \vec{Z}_{ijkt} \qquad (2-8)$$

$$\text{SInput}_{it} = c_0 + \varphi \text{Input}_{it} + \varphi \times \vec{Z}_{ijkt} \qquad (2-9)$$

$$\text{cloglog}(1 - h_{it}) = d_0 + \gamma \text{Input}_{it} + \eta \times \text{Cost}_{it} + \mu \times \text{SInput}_{it} + \gamma \times \vec{Z}_{ijkt} \qquad (2-10)$$

在式（2-8）、式（2-10）中，Cost 表示企业 i 在第 t 年的边际成本，它的测算过程分三步进行：第一，使用德勒克尔和沃钦斯基（De Loecker, Warzynski, 2012）计算企业层面加成率的方法，得到企业 i 在 t 期的加成率指标：

$$\text{mup}_{it} = \vartheta_{it}^X (\gamma_{it}^X)^{-1} \qquad (2-11)$$

在式（2-11）中，ϑ_{it}^X 为可变要素 X 的产出弹性，γ_{it}^X 表示可变要素的支出占企业总销售额的比重。

第二，计算企业层面的产品价格。由于《中国海关贸易数据库》提供了每个企业 HS8 位码产品层面的价格指标 p_{iht}，我们可以根据巴斯和斯特劳斯 - 卡恩（Bas, Strauss - Kahn, 2013）的思路，采用式（2-12）计算企业层面的出口价格（price）：

$$\text{price}_{it} = \sum_{h \in \Theta_i} s_{iht} \times p_{iht} \qquad (2-12)$$

在式（2-12）中，下标 i 表示企业，h 表示 HS 8 位码产品，t 表示年份；Θ_i 表示企业 i 出口的产品集合；s_{iht} 表示产品 h 的出口占企业 i 总出口的份额。

第三，按照企业加成率的计算公式（2-13），我们可以推算得到企业 i 在第 t 年的边际生产成本 Cost_{it}：

$$\frac{\text{price}_{it} - \text{Cost}_{it}}{\text{price}_{it}} = 1 - \frac{1}{\text{mup}_{it}} \qquad (2-13)$$

关于企业层面中间品进口技术溢出指标的衡量（SInput），我们在利希滕贝格和博泰里（Lichtenberg, Potterie, 1996）以及楚明钦和丁平（2013）方法的基础上进行改进得到，计算公式具体如下：

$$\text{SInput}_{it} = \sum_j \frac{\text{IM}_{ijt}}{\text{GDP}_{jt}} \times S_{jt}^d \qquad (2-14)$$

在式（2-14）中，SInput_{it}表示企业 i 在 t 年通过中间品进口获得的研发溢出存量，IM_{ijt}表示企业 i 在 t 年从 j 国进口的中间品总值，GDP_{jt}为 j 国在 t 年的国内生产总值，S_{jt}^d为 j 国第 t 年的国内研发存量，使用永续盘存法 $S_{jt}^d = (1-\delta) S_{jt-1}^d + \text{RD}_{jt}$ 进行计算。其中，δ 为研发资本折旧率，采用莫里斯等（Maurice et al.，2002）的做法设定为 5%，RD_{jt}为 j 国第 t 年当年的研发支出。各国（地区）GDP、研发投入支出等数据来自联合国贸易数据库（UNCOMTRDE）和世界银行数据库等网站，并根据需要整理计算。

式（2-7）即为回归模型（2-1），因此，我们将表 2-2 中第（2）列~第（3）列的回归结果直接复制到表 2-4 中第（1）列中。表 2-4 中第（2）列和第（3）列是分别对式（2-8）和式（2-9）进行估计的结果。此外，为了稳健起见，我们将中介变量 Cost 和 SInput 分别加入式（2-10）进行估计，结果分别列于表 2-4 中第（4）列和第（5）列。最后，表 2-4 中第（6）列进一步报告了同时加入中介变量 Cost 和 SInput，即式（2-10）的估计结果。

从表 2-4 中第（2）列可以看到，交叉项 Input 的估计系数显著为负，表明中间品进口确实显著地降低了企业的边际生产成本，购买国外核心零部件和先进技术带来的技术转移效应，以及企业对国外中间产品中内含知识的吸收都可以降低企业的技术升级和创新成本，从而为企业生存能力提升创造更多的成本优势。从表 2-4 中第（3）列可以看出，变量 Input 的估计系数显著为正，这意味着，中间品进口对企业产生了显著为正的技术溢出效应。对此可能的解释是，进口中间产品的企业能够引入更多的新产品种类，从而增加了企业利润，扩大了研发空间，由此引致的企业研发投入的提高不但可以提高企业的技术创新能力，还可以促进企业对已有技术的模仿和吸收（Shepherd，Stone，2012；田巍，余淼杰，2014）。

表 2-4 中第（4）~第（6）列还报告了因变量对基本自变量和中介变量回归的结果，可以看到，变量 Cost 的估计系数显著为正，说明边际成本的提高显著提升了企业退出市场的风险率。该结论是显而易见的，在收益不变或递增的情况下，边际生产成本的提高不利于企业的财

务状况，进而对企业的市场存活产生消极影响。变量 SInput 的估计系数显著为负，表明中间品进口产生的技术溢出有利于提高企业经营的持续期。这与通常的预期是相符的，因为国外先进技术的转移或者对国外中间品内涵技术的学习效应是提高企业技术水平和市场竞争力的关键，进而获得技术溢出的企业往往在竞争激烈的市场环境中表现出较强的生存能力。此外我们还发现，与第（1）列基准的回归结果相比，在分别加入中介变量 Cost（第（4）列）和 SInput（第（5）列）之后，Input 的估计系数值出现了下降，这初步表明"成本节约"和"技术溢出"中介效应的存在；进一步，在同时加入中介变量 Cost 和 SInput（第（6）列）之后，变量 Input 的估计系数值和显著性水平进一步下降了。这进一步显示，"成本节约"效应和"技术溢出"效应是中间品进口促进企业市场存活的可能渠道。

表 2 - 4　　　　　　　　影响机制检验结果

变量	（1）	（2）	（3）	（4）	（5）	（6）
Input	- 0.2015*** (- 5.70)	- 0.0138*** (- 3.83)	0.0263*** (5.22)	- 0.2009*** (- 6.09)	- 0.2008*** (- 6.16)	- 0.1998** (- 2.01)
Cost				0.0230** (2.21)		0.0226** (2.06)
SInput					- 0.0415*** (- 4.62)	- 0.0375** (- 2.12)
tfp	- 0.0126** (- 2.12)	- 0.0342** (- 2.15)	- 0.0216* (- 1.87)	- 0.0325*** (- 4.10)	- 0.0132*** (- 3.97)	- 0.0303** (- 2.13)
size	- 0.2014*** (- 5.72)	- 0.1951*** (- 4.37)	- 0.3045*** (- 6.32)	- 0.2130*** (- 5.53)	- 0.2300*** (- 4.59)	- 0.2412*** (- 5.57)
age	0.0153*** (4.19)	0.0236*** (3.36)	0.0205*** (4.17)	0.0176*** (7.40)	0.0141*** (6.31)	0.0215*** (5.99)
subsity	- 0.0370*** (- 5.16)	- 0.0067*** (- 3.16)	0.0176*** (- 3.60)	- 0.0390*** (- 5.43)	- 0.0321*** (- 5.04)	- 0.0377*** (- 5.63)
profit	- 0.1804*** (- 6.14)	- 0.0984*** (- 3.71)	- 0.3690*** (- 5.90)	- 0.1583*** (- 5.32)	- 0.1709*** (- 5.89)	- 0.2103*** (- 7.11)
finance	- 0.1523*** (- 7.05)	- 0.4565*** (- 6.48)	- 0.2170*** (- 5.60)	- 0.1614*** (- 6.72)	- 0.1699*** (- 6.32)	- 0.1703*** (- 5.97)
state	0.5218*** (7.37)	0.0175* (1.78)	0.2316*** (3.41)	0.4721*** (3.29)	0.5321*** (3.23)	0.5943*** (3.94)
foreign	- 0.0531*** (- 4.04)	- 0.1483*** (- 3.90)	- 0.2043*** (- 5.12)	- 0.0103 (- 1.40)	- 0.0098 (- 1.37)	- 0.0112 (- 1.43)

续表

变量	(1)	(2)	(3)	(4)	(5)	(6)
常数项	−0.9832***	−0.4964***	0.3280*	−0.5384***	−0.6571***	−0.6824***
	(−7.83)	(−5.76)	(1.92)	(−5.50)	(−6.28)	(−6.59)
年份效应	Yes	Yes	Yes	Yes	Yes	Yes
地区效应	Yes	Yes	Yes	Yes	Yes	Yes
行业效应	Yes	Yes	Yes	Yes	Yes	Yes
观察值	96658	97093	97093	96658	96658	96658

注：括号内数值为纠正了异方差后的 t 统计量；*** 、** 和 * 分别表示 1% 、5% 和 10% 的显著性水平。

为了进一步确认"成本节约"和"技术溢出"是否为中间品进口促进企业市场存活的中介变量，我们有必要对此进行更严格的检验。首先，通过检验 H_0: $\delta = 0$，H_0: $\varphi = 0$，H_0: $\eta = 0$ 和 H_0: $\mu = 0$，如果均被拒绝，则说明中介效应显著，否则不显著。从表 2 − 4 中第（2）列 ~ 第（6）列的回归结果可以看到，Cost 和 SInput 作为中介变量是显著的，但该检验方法的不足在于犯第二类错误的概率较大。为此，我们采用第二种方法进行检验，即检验经过中介变量路径上的回归系数的乘积项是否显著，即检验 H_0: $\eta\delta = 0$ 和 H_0: $\mu\varphi = 0$。如果原假设受到拒绝，表明中介效应显著，否则不显著。具体地，我们可借鉴索贝尔（Sobel，1987）的方法计算乘积项 $\eta\delta$ 和 $\mu\varphi$ 的标准差：$s_{\eta\delta} = \sqrt{\hat{\eta}^2 s_\delta^2 + \hat{\delta}^2 s_\eta^2}$，$s_{\kappa\varphi} = \sqrt{\hat{\mu}^2 s_\varphi^2 + \hat{\varphi}^2 s_\mu^2}$，其中，s 表示相应估计系数的标准差。结合表 2 − 4 的估计结果，可以计算得到乘积项 $\eta\delta$ 和 $\mu\varphi$ 的标准差分别为 0.00043 和 0.00019，相伴随概率均小于 0.1，即在 10% 的水平上显著。

最后，我们进一步采用弗里德曼等（Freedman et al.，1992）的方法来检验"成本节约"和"技术溢出"是否为中间品进口促进企业市场存活的中介变量，具体的程序是，检验 H_0: $\varphi - \gamma = 0$，如果原假设受到拒绝，则说明中介效应显著，否则不显著。参照弗里德曼等（Freedman et al.，1992），$\varphi - \gamma$ 的标准差可利用 $s_{\varphi-\gamma} = \sqrt{s_\varphi^2 + s_\gamma^2 - 2s_\varphi s_\gamma \sqrt{1-r^2}}$ 计算得到，其中，r 为变量 Input 与 Cost（或 SInput）的相关系数。利用表 2 −4 中第（1）列和第（4）列的估计结果，可计算得到 $\varphi - \gamma$ 的标准差为 0.0163；利用表 2 −4 中第（1）列和第（5）列的估计结果，可计算得到 $\varphi - \gamma$ 的标准差为 0.0172。它们的相伴概率均小于 0.01，即在

1% 的水平上显著。这就进一步验证了"成本节约"和"技术溢出"中介效应的存在性，即"成本节约"和"技术溢出"是中间品进口促进企业市场存活的重要渠道。

2.6　进一步研究：行业差异化与企业生存

研究假设 3 认为，同质性产品在制作流程和投入品价格相似性方面远大于差异化产品，从而同质性产品行业在市场谈判力量和中间投入品的质量和种类方面更占优势，因此，中间品进口对同质性产品行业的企业生存的积极影响可能更大。为了验证这一假说，在这一节，本章将在引入行业差异化的情况下，考察中间品进口对企业生存的差异性影响。具体地，我们使用劳赫（Rauch, 1999）的分类方法，将行业分为同质性产品行业和异质性产品行业两种类型，来分别考察中间品进口对不同行业中企业生存的差异性影响。

其中，同质性产品行业是指，在交易所或者行业清单中有产品指导价格的行业。异质性产品行业是指，产品能够细化为非常复杂的单元的行业，该行业的产品没有统一的指导价格。劳赫（Rauch, 1999）在 SITC（Rev2）的基础上，将产品分为三种类型：参考价格产品、同质产品以及其他商品。这里我们借鉴范等（Fan et al., 2014）的做法，将前两种产品定义为同质性产品（homogeneous goods），其他的为异质性产品。在式（2 - 1）和式（2 - 4）的基础上，加入劳赫（Rauch, 1999）的产品差异化数据进行计量回归，拓展后的模型如下：

$$\text{cloglog}\,(1 - h_{it}) = \log\,(-\log\,(1 - h_{it}))$$

$$= \varphi_0 + \varphi_1 \text{Input}_{it} + \varphi_2 \text{Input}_{it} \times N_i + \varphi \times \vec{Z}_{ijkt} +$$

$$\tau_t + v_j + v_k + v_t + \varepsilon_{ijkt} \qquad (2 - 15)$$

$$\text{cloglog}(1 - h_{it}) = \varphi_0 + \sum_{\omega=1}^{5} \varphi_\omega \times \text{Input}_{it} \times \text{DIput}\omega + \sum_{\omega=1}^{5} \varphi_\omega \times \text{Input}_{it} \times$$

$$\text{DIput}\omega \times N_i + \varphi \times \vec{Z}_{ijkt} + \tau_t + v_j + v_k + v_t + \varepsilon_{ijkt} \qquad (2 - 16)$$

在式（2 - 15）～式（2 - 16）中，$N_i = 1$ 表示根据劳赫（Rauch, 1999）提供的产品差异化数据得到的虚拟变量，与余淼杰和李晋

（2015）的做法类似，当产品能够在交易所交易或者拥有指导价格时，我们称其为同质性产品。此时，$N_i = 1$；否则，$N_i = 0$。在数据处理时，我们，首先，将 2000~2007 年 HS8 位码的数据归并为相对应的 HS6 位码数据；其次，我们根据联合国统计司提供的 HS1996 版本与 HS2002 版本之间的转换表以及 HS2002 版本与 HS2007 版本之间的转换表将数据的统计口径统一为 HS2002 版本；最后，我们将 HS6 位码的数据（HS 2002 版本）与劳赫（Rauch，1999）提供的 SITC（Rev2）进行合并，以获得关于同质产品和差异化产品的信息。[①] 其他变量的衡量与式（2 - 1）相同。

表 2 - 5 汇报了存在产品差异化的前提下，中间品进口对企业生存的影响。

首先，我们用"中间品进口哑变量"来衡量中间品进口状况（Input），估计结果报告在表 2 - 5 的前两列。从表 2 - 5 中第（1）列可以看到，中间品进口对两类行业中企业生存的促进作用都较为显著。值得注意的是，交叉项 Input × N_i 的估计系数为负并且通过 5% 水平的显著性检验。这表明，对于同质性产品行业而言，中间品进口对企业生存的积极影响更大。也就是说，在考虑中间品进口的情况下，同质性产品行业中企业的平均持续经营时间比异质性产品行业的企业更长。对其可能的解释是，同质性产品的生产企业其产品一般拥有统一的价格和指导价格，在制作流程和投入品价格相似性方面远大于差异化产品，而垂直专业化背景下差异化产品的生产过程片段化，很多零部件等中间投入品在多个国家或地区完成，在进口投入品数量不变的前提下，同质性产品行业中的企业将更有市场谈判力量。因此，其能够获得种类更多、质量更高的中间投入品，由此带来的成本节约效应和技术溢出效应往往也更大。此外，我们还注意到，在考虑了产品差异化之后，变量 Input 的估计系数绝对值与表 2 - 2 中第（3）列相比有所下降，这再次证明了异质性产品行业的中间品进口对企业生存的影响程度相对较弱。

[①] 由于海关数据、工业企业数据以及产品差异化的数据使用了不同的产品分类标准，本节借鉴余淼杰和李晋（2015）的方法，使用联合国统计局数据的对应表将产品差异化程度与 HS - 8 位产品数据对应起来，从而可以实现上述三个数据库的融合和对应。

表 2 - 5　　　　　　　　产品差异化视角下中间品进口与企业生存

变量	Input1：中间品进口哑变量			Input2：中间品进口额与企业销售额之比		
	(1)	(2)	(3)	(4)	(5)	(6)
Input	-0.1927*** (-3.70)			-0.2015*** (-3.77)		
Input × N_i	-0.0100** (-2.15)			-0.0063*** (-3.64)		
Input × DInput1		0.0901*** (3.66)			0.0836** (2.18)	
Input × DInput2		-0.2026** (-2.17)			-0.2120* (-1.86)	
Input × DInput3		-0.2158*** (-4.29)			-0.2213*** (-4.81)	
Input × DInput1 × N_i		-0.0122** (-2.11)			-0.0120*** (-3.35)	
Input × DInput2 × N_i		-0.0214*** (-5.73)			-0.0194** (-2.20)	
Input × DInput3 × N_i		-0.0287** (-2.23)			-0.0212* (-1.91)	
Input × DInput4			-0.2216*** (-3.50)			-0.2413*** (-5.47)
Input × DInput5			-0.2136*** (-4.53)			-0.2151*** (-4.26)
Input × DInput4 × N_i			-0.0236* (-1.96)			-0.0236* (-1.92)
Input × DInput5 × N_i			-0.0042** (-2.04)			-0.0081*** (-5.32)
tfp	-0.0383*** (-8.56)	-0.0800*** (-4.44)	-0.1154*** (-5.75)	-0.0726*** (-4.65)	-0.0908* (-1.77)	-0.0918* (-1.73)
size	-0.2367*** (-9.50)	-0.113 (-0.79)	-0.1733*** (-6.47)	-0.1751*** (-5.38)	-0.0159* (-1.80)	-0.1207 (-0.12)
age	0.2360*** (9.32)	0.2367*** (9.51)	0.2364*** (9.42)	0.2451*** (7.39)	0.2613*** (7.35)	0.2696*** (8.28)
subsity	-0.0446*** (-4.74)	-0.0397*** (-3.78)	-0.0345** (-2.14)	-0.0269*** (-5.19)	-0.0225*** (-4.07)	-0.0442*** (-5.02)
profit	-0.2603*** (-5.53)	-0.1563*** (-5.16)	-0.1629*** (-5.77)	-0.1535*** (-4.91)	-0.1518*** (-4.74)	-0.2322*** (-7.33)
finance	-0.1669*** (-4.36)	-0.1506*** (-4.30)	-0.1525*** (-4.66)	-0.1921*** (-4.55)	-0.1722* (-1.76)	-0.1623*** (-4.56)
state	0.2754*** (4.86)	0.2999*** (3.02)	0.3103*** (3.14)	0.3000*** (3.03)	0.3023*** (4.16)	0.3754*** (4.86)
foreign	-0.0347** (-2.25)	-0.0348*** (-3.27)	-0.0349** (-2.16)	-0.0318*** (-3.96)	-0.0177* (-1.86)	-0.0178 (-1.47)

续表

变量	Input1：中间品进口哑变量			Input2：中间品进口额与企业销售额之比		
	(1)	(2)	(3)	(4)	(5)	(6)
常数项	−0.0808***	−0.4010***	−1.0122***	−1.0123***	−1.0214***	−1.4240***
	(−4.15)	(−5.50)	(−4.35)	(−3.44)	(−4.15)	(−4.50)
年份效应	Yes	Yes	Yes	Yes	Yes	Yes
地区效应	Yes	Yes	Yes	Yes	Yes	Yes
行业效应	Yes	Yes	Yes	Yes	Yes	Yes
观察值	96658	96658	96658	95265	95265	95265

注：括号内数值为纠正了异方差后的 t 统计量；*** 、** 和 * 分别表示 1%、5% 和 10% 的显著性水平。

其次，表 2-5 的第（2）列报告了考虑产品差异化之后不同质量的中间品进口对企业生存的异质性影响。检验结果发现，交叉项 $Input \times DInput2 \times N_i$ 和 $Input \times DInput3 \times N_i$ 的估计系数均显著为负。这表明，对于同质性产品行业而言，进口的中间品的质量水平越高，其对企业生存的促进作用就越大。特别地，交叉项 $Input \times DInput1 \times N_i$ 的估计系数也为负且通过 5% 水平的显著性检验。这说明，低质量的中间品进口对同质性产品行业的企业生存的正面作用要大于异质性产品行业。这可能是由于，同质性产品行业较强的市场谈判力量和技术吸收能力引致的成本节约效应和技术溢出效应远远抵消了部分低质量中间品进口的负面影响。另外我们还发现，在考虑产品差异化程度之后，变量 $Input \times DInput1$ 的回归系数依然显著为正，并且，系数绝对值较表 2-2 的第（6）列有较大幅度提升，这说明低质量中间品进口抑制企业生存的现象主要发生在异质性产品行业中。

进一步，表 2-5 的第（3）列报告了考虑产品差异化程度之后中间品进口对不同贸易方向的企业生存的异质性影响。检验结果发现，交叉项 $Input \times DInput4$ 和 $Input \times DInput5$ 的估计系数均显著为负，这表明，中间品进口对双向贸易企业和单向贸易企业的生存均产生了积极影响。同时，交叉项 $Input \times DInput4 \times N_i$ 和 $Input \times DInput5 \times N_i$ 的估计系数均显著为负，且前者的绝对值大于后者。这意味着，对于同质性产品行业中的企业而言，中间品进口对双向贸易企业生存的促进作用大于单向贸易企业。这可能是由于同质性产品行业和双向贸易共同强化了中间品进口对企业生存的作用。此外，观察 $Input \times DInput4$ 和 $Input \times DInput4 \times N_i$

的回归系数，我们不难发现，对于双向贸易企业而言，中间品进口对同质性产品行业中企业生存的正面作用要大于异质性产品行业。同理，对于单向贸易企业而言，也存在上述关系。

接下来，我们用中间品进口额与企业销售额的比值来衡量中间品进口变量，进而对式（2-15）和式（2-16）重新进行估计，结果分别报告在表2-5的最后三列。从表2-5的第（4）列可以看到，交叉项 Input × N_i 的估计系数显著为负，表明中间品进口对同质性产品生产企业平均持续经营时间的正面作用大于异质性产品生产企业。此外，表2-5的第（5）列的估计结果也与表2-5的第（2）列中的结果基本类似，表明对于同质性产品行业而言，进口的中间品的质量水平越高，其对企业生存的促进作用就越大，而低质量的中间品进口对异质性产品生产企业生存的负面影响更大。而第（6）列结果与第（3）列结果较为相似。综合以上分析我们认为，中间品进口对企业生存的平均促进作用与中间品自身的质量水平成正比，在双向贸易企业大于单向贸易企业，并且在同质性产品行业上述效应得到强化。这就较好地验证了研究假设3。

2.7 小　　结

生存问题是每个企业需要解决的头等大事，同时，也是各级地方政府关注的焦点。近年来，我国通过鼓励先进技术、核心设备和关键零部件的进口，生产出符合国际出口市场要求的产品，以提升出口产品的国际竞争力，由此也导致了我国中间品进口规模的急剧扩张。本章以此为背景，在倾向得分匹配（PSM）方法和离散时间 cloglog 生存模型的基础上，利用微观企业层面的数据系统地考察了中间品进口对企业生存的微观影响。通过大量的计量检验，我们主要有以下几点发现：

第一，中间品进口在总体上降低了企业退出市场的风险率，即倾向于延长企业的经营持续时间。第二，我们还考察了不同质量水平的中间品进口对企业生存的异质性影响，发现只有中高质量的中间品进口显著地延长了企业经营的持续期，而低质量的中间品进口则提高了企业退出市场的风险率，即倾向于抑制企业的市场存活时间。此外，中间产品进口对双向贸易企业生存持续期的影响大于单向贸易企业。第三，我们进一步采用中介效应模型进行了传导机制检验，发现"成本节约效应"和"技术溢出效应"是高质量中间品进口促进企业市场存活的重要渠道。第四，为了解释中间品进口对于不同行业的企业生存产生的差异化影响，本章将产品差异化程度引入中间品进口与企业生存问题的分析之中，并以产品差异化为切入点来分析中间品进口对于同质性产品行业和异质性产品行业中企业生存的差异化影响。结果发现，中间产品进口对同质性产品行业和异质性产品行业的企业生存均有积极影响，并且对前者的作用相对更大。我们还发现，高质量的中间品进口和双向贸易模式可以强化上述作用。

本章从研究视角和方法上丰富和拓展了中间品进口与企业生存方面的研究文献，由于中间品进口在总体上显著促进了企业的市场存活，因此，继续推进和深化中间品进口自由化改革对于改善企业的生存具有重要的现实意义。但与此同时，本章的研究也发现，只有中高质量的中间品进口显著地改善了企业的市场存活，而低质量的中间品进口不利于企业生存。这意味着，对于当前中国的中间品进口而言，要考虑到加工贸易大量进口低质量中间品在整体上会抑制企业生存，阻碍企业的成长和长远发展。因此，我国政府对于中间品进口政策的调整要注重企业在短期效益和长远目标上的有效结合，并完善相关的配套制度。不仅要鼓励企业进口来自先进国家的高质量中间投入品，以提升其在全球价值链中的位置，更重要的是鼓励企业增加研发投入，增强本土企业的自主创新能力。

此外，本章发现中间产品进口对双向贸易企业生存持续期的影响大于单向贸易企业。也就是说，企业应重视并选择双向国际化，相比单向贸易，双向贸易更有助于企业提升自身生存时间。本章研究的另一个重要发现是，中间产品的进口对同质性产品和差异化产品生产企业的生存均具有积极影响，但前者的作用要大于后者，即我国企业应该加快融入国际生产体系，在中间品进口的产品质量和规格的一致性方面强化管理。总之，在当前国内外竞争环境发生变化的背景下，我国要坚持推进中间品进口自由化和提高中间品进口的技术门槛同步的政策。通过进一步推进内部市场化改革、加大知识产权保护力度，以及通过增强对国内企业的研发支持，促进技术密集型中间产品和知识密集型中间产品的进口等方式来使中间品进口对企业生存的"成本节约效应"和"技术溢出效应"得到更有效的发挥。

第 3 章

中间品进口与制造业企业创新

基于 2000～2007 年工业企业大样本微观数据和高度细化的海关数据，本章深入考察了中间品进口对中国制造业企业创新活动的影响。研究结果表明：（1）中间品进口对中国制造业企业的创新活动具有显著的促进作用，并且主要体现在中间品进口引致的成本节约及多样化优质要素效应上；（2）中间品进口对不同特征企业的创新活动，具有显著的异质性影响；（3）中间品进口有助于延长企业创新的持续时间。本章在一定程度上丰富了对中间品进口和企业创新关系研究的文献，为理解中国制造业企业的创新活动提供了一个新的视角，同时，还为客观评估中国"入世"的经济效果提供了微观层面上的依据。

3.1　问题的提出

自改革开放以来，中国经济取得了举世瞩目的成就，国内生产总值保持年均近 10% 的速度快速增长，从而创造了"中国奇迹"。然而，学者们普遍认为，中国经济的快速增长主要依赖于低成本的劳动生产率、巨大的潜在市场，以及大规模的但未必是高效率的政府投资（王红领等，2006；李平等，2007）。在这种粗放型的经济增长模式下，中国企业缺乏核心技术、处于由跨国公司主导的全球价值链中的低端环节。长此以往，中国经济的快速增长将难以为继，实现经济增长模式的转变迫在眉睫。这就要求未来的经济发展需要从过去的主要依赖大量要素投入、高储蓄率和高投资率的"粗放型"模式向主要依靠技术进步、资源有效利用的"集约型"模式转变，而提高自主创新能力是实现这一战略转变的重要环节。

自主创新对于一国经济增长的作用得到了广泛认可，被认为是国家的核心竞争力。近些年来，中国政府也开始高度重视自主创新问题，明确提出了在"十二五"期间全面提高自主创新能力、建设创新型国家。进入21世纪以来，中国企业的创新活动持续增加，研发支出费用从1998年的551.1亿元增长至2012年的10240亿元，年平均增长率为23.3%，其占GDP的比重也从1998年的0.69%持续上升至2012年的1.97%。[①]

作为经济活动的微观主体，企业的创新活动及其影响因素一直以来备受学术界的关注。熊彼特（Schumpeter，1942）较早提出了有关创新的理论，认为企业规模和垄断性的市场结构有利于企业创新。之后，大量的国外文献对"熊彼特假说"[②]进行了实证检验。

首先，在企业规模与企业创新的关系方面，布拉加和威尔莫尔（Braga，Willmore，1991）对巴西的研究、盖尔（Gayle，2001）对美国的研究、迈蒂和辛格（Maiti，Singh，2011）对36个国家的跨国研究，均发现了企业规模与创新之间存在正相关关系的证据。与此相反，贾菲（Jaffe，1988）对美国的研究、卡特拉（Katrak，1994）对印度的研究则发现，企业规模越小，其创新越活跃。还有一些研究发现，企业规模与创新之间存在倒"U"形关系（Soete，1979；Aghion et al.，2005）。

其次，在市场结构与企业创新的关系方面，实证检验所得的结论莫衷一是，有些研究得出市场集中度对创新具有负面的影响（Broadberry，Crafts，2000）。有些研究则发现，市场集中度有利于企业创新（Gayle，2001）；还有的研究认为，市场集中度与创新之间存在非线性关系（Levin et al.，1985）。近期，学者们开始从更多的角度研究企业创新问题。例如，马丁·福尔克和拉埃尔·福尔克（Martin Falk，Rahel Falk，2006）研究了企业所有制对企业创新的影响，他们基于1998~2000年澳大利亚

---

① 资料来源于中经网统计数据库、http：//211.81.31.53：8080/aspx/main.aspx？width=1356&height=698。

② 所谓"熊彼特假说"是指，规模越大的企业会进行更多创新，以及市场势力有助于企业创新。

的微观企业数据，采用倾向得分匹配方法控制样本选择偏差之后发现，外资企业的创新强度显著地低于内资企业。有学者利用 27 个转型经济体的企业数据，考察了全球化对企业创新的影响，发现因全球化带来的竞争加剧抑制了那些偏离技术前沿的企业进行创新的概率（Gorodnichenko et al.，2008）。布朗等（Brown et al.，2012）利用1995～2007年 16 个欧洲经济体的企业数据，专门考察了融资约束对企业创新的影响，结果发现融资约束与企业创新投入之间存在正相关关系。

近年来，中国企业的创新问题也开始得到了国内学者的广泛关注。王红领等（2006）利用 1998～2003 年工业行业面板数据考察了 FDI 对中国内资企业自主创新能力的影响，结果发现 FDI 显著地促进了内资企业的自主研发。吴延兵（2012）利用 1998～2003 年中国省级工业行业数据，通过构建联立方程模型比较研究了不同所有制类型企业创新表现的差异性，结果认为，国有企业没有创新竞争力，但民营企业和外资企业均拥有各自独特的创新优势。

以上文献对中国创新问题的研究都局限于宏观层面，与此不同的是，聂辉华等（2008）利用 2001～2005 年中国工业企业微观数据，采用 Tobit 模型考察了中国企业创新活动的影响因素，发现企业规模、市场竞争与创新之间存在倒"U"形关系，该文还发现，国有企业比其他所有制企业拥有更多的创新活动。基于 2002 年世界银行"企业竞争力及技术创新"问卷调查数据，王华等（2010）考察了开放经济条件下中国本土企业自主创新的内在决定机制，研究表明，国际贸易和国际技术许可对促进企业技术创新起到了积极作用，但没有证据表明外资促进了企业技术创新。与王华等（2010）的研究视角不同，张杰等（2011）则从中国要素市场的市场化进程滞后于产品市场的典型事实出发，利用 2001～2007 年中国工业企业微观数据实证考察了要素市场扭曲对企业创新投入的影响，结果发现，要素市场扭曲显著地抑制了中国企业的创新活动。比上述文献单纯分析企业创新的影响因素更进一步的是，周亚虹等（2012）还深入地研究了中国工业企业创新的产出绩效问题。除此之外，李平等（2007）从人力资本和知识产权保护的角度、李春涛和宋敏（2010）从所有制和 CEO 激励的角度、张杰等（2012）从融资约束的角度，对中国企业的创新问题进行了深入探讨。

　　上述文献为我们认识和理解中国企业的创新活动提供了重要的参考价值，但这些文献大多数是从一国或地区中企业的"内部因素"来研究企业的创新问题。

　　自 20 世纪 90 年代以来，中国为了加快市场经济体制改革与融入多边贸易体制，实施了以削减关税税率为主要内容的贸易自由化改革，简单平均关税率从"入世"前 1998 年的 17.4% 降至 2011 年的 9.5%，下调幅度高达 45.4%。在关税下调的带动下，中国进口贸易得到迅速发展，2013 年，中国进口贸易额达到 19503 亿美元，占全球进口的比重高达 10.3%，已经是仅次于美国的全球第二大进口国。其中，中间产品进口所占比重不断上升，中间产品进口占全部进口的比重由 1995 年的 67.6% 上升到 2013 年的 78.6%。并且，中间品采购不断向全球供应链的上游延伸，如果以中间品的单位价值来近似地表示其技术含量的话，2010 年中国中间品的单位进口均价是 2000 年的 20 多倍。那么，这一时期的中间品进口是否会影响中国制造业企业的创新活动？然而，国内直接考察该问题的微观研究相对不足。

　　实际上，在国外也仅有少数文献涉及中间品进口与企业创新之间的关联问题。例如，帕姆克库（Pamukcu，2003）利用土耳其 1989～1993 年的企业数据，考察了贸易自由化对企业创新决策的影响，研究发现贸易自由化在总体上促进了企业创新。但是，该文献只是考察了贸易自由化的进口竞争效应，忽略了中间投入品贸易自由化的影响，此外，该文献也没有分析贸易自由化对企业创新强度的影响。尽管丰岛（Teshima，2009）在考察贸易自由化对墨西哥企业创新的影响时，同时控制了最终产品关税和中间投入品关税，也综合分析了贸易自由化对创新决策与创新强度的影响，但该文献的研究重心仍然放在进口竞争效应上。另外，该文献尚未考察中间品进口对企业创新的异质性影响，也没有研究中间品进口对企业创新持续时间的影响，因此，该文献对于中间品进口与企业创新之间关系的认识仍然是有限的。针对上述文献的不足，本章尝试利用 2000～2007 年工业企业微观数据和高度细化的海关贸易数据，全面细致地考察中间品进口对中国制造业企业创新活动的影响效应。

　　通过对已有文献的梳理和总结，我们将中间品进口对企业创新活动的可能影响机制概括为多样化优质要素效应和成本节约效应。首先，多样化优质要素效应。由于企业进口的中间品和国内中间品具有不完全替代性，进口中间品种类的增加能够促使企业生产过程中投入品种类增加，进而促进企业生产的最终产品种类增加，而最终产品种类的增加是企业技术进步的一个重要体现（Ethier，1982；Halpern et al.，2015）。其次，成本节约效应。进口的中间品往往比国内中间品价格更低（Bas，Strauss-Kahn，2014），国外多样化中间品的引入加剧了国内市场上的竞争，因此，中间品进口会通过竞争效应导致国内中间品价格降低（张翊等，2015），进而降低企业生产成本，企业有更充足的资金用于研发创新活动。戈德堡等（Goldberg et al.，2010）研究发现，进口新类型的中间产品会使企业进口中间品的价格指数下降4.7%。显然，企业进口中间品的种类越多，其成本支付越低，因此，有更充足的资金进行技术创新方面的投入。

　　本章可能在以下几个方面有所贡献：第一，本章不仅分析了中间品进口对企业创新决策的影响，而且考察了中间品进口对企业创新强度的影响。在此基础上进一步分析了中间品进口对企业创新的作用究竟是更多地体现为"集约边际"还是"扩展边际"，① 有助于深化对于中间品进口影响企业创新的作用渠道的理解。第二，考虑到在现实中企业存在异质性，本章进一步深入研究了中间品进口对不同特征（包括生产率、规模、融资约束三个方面）企业创新活动的异质性影响，而现有绝大多数文献则掩盖了这种差异性，因此，本章的研究内容较相关文献有所突破。第三，本章在有关中间品进口与企业创新问题的研究中，首次引入生存分析模型考察了中间品进口对企业创新持续时间的影响，从而丰富和拓展了这类文献的研究视角。

　　本章研究发现，中间品进口对中国制造业企业的创新活动具有显著的促进作用，不过，这主要体现在由中间品进口引致的成本节约及多样化优质要素获得效应方面，并且，中间品进口对企业创新决策的影响大于对创新强度的影响。另外，中间品进口对不同特征企业的创新活动具有显著的异质性影响。最后，通过采用离散时间生存分析模型的研究还发现，中间品进口有助于延长企业创新的持续时间，在这当中，中间品进口引致的成本节约及多样化优质要素获得效应的影响程度相对更大。

---

　　① 这里的"集约边际"是指，创新企业的创新强度的增减；"扩展边际"是指，进行创新的企业数量的增减。

本章的研究在一定程度上丰富了对中间品进口和企业创新关系研究的文献，为理解中国制造业企业的创新活动提供了一个新的视角，更为重要的是，本章的研究还从自主创新的角度为客观评估中国"入世"的经济效果提供了微观层面上的依据。

3.2　模型构建、指标测度及数据

3.2.1　模型构建

首先，为了考察中间品进口与企业创新决策之间的关系，我们在既有的理论和实证研究文献的基础上，构建了一个基于企业层面的创新决定因素的 Probit 计量模型：

$$\Pr\left(\text{Innovation}_{ijkt} = 1\right) = \Phi\left(\alpha_0 + \alpha_1 \ln\text{Input}_{ijkt} + \alpha \times \vec{Z}_{ijkt} + \xi\right)$$

$$(3-1)$$

在式（3-1）中，下标 i、j、k 和 t 分别表示企业、行业、地区和年份。被解释变量 Inovation$_{ijkt}$ 为企业创新活动的虚拟变量 $\{0, 1\}$，为了稳健起见，我们从创新投入和创新产出两个方面进行衡量。其中，创新投入指标为研发支出（记为 Innovation1），如果企业的研发支出为正，则 Innovation1 取值为 1，否则等于 0。创新产出指标为新产品销售额（记为 Innovation2），如果企业的新产品销售额为正，则 Innovation2 取值为 1，否则等于 0。Input$_{it}$ 为企业层面的中间品进口额，具体衡量方法与第 2 章的做法一致。$\Phi(\cdot)$ 表示标准正态累积分布函数；$\xi = v_j + v_k + v_t + \varepsilon_{ijkt}$，$v_j$、$v_k$ 和 v_t 分别表示行业、地区和年份的特定效应，ε_{ijkt} 表示随机扰动项，假设服从正态分布 $\varepsilon_{ijkt} \sim N\left(0, \sigma^2\right)$；控制变量 $\vec{Z}_{ijkt}$ 的集合为：

$$\vec{Z}_{ijkt} = \gamma_1 \text{size}_{ijkt} + \gamma_2 \text{age}_{ijkt} + \gamma_3 \text{klratio}_{ijkt} + \gamma_4 \text{wage}_{ijkt} + \gamma_5 \text{profit}_{ijkt} + \gamma_6 \text{finance}_{ijkt}$$
$$+ \gamma_7 \text{subsidy}_{ijkt} + \gamma_8 \text{soes}_{ijkt} + \gamma_9 \text{state}_{ijkt} + \gamma_{10} \text{foreign}_{ijkt} + \gamma_{11} \text{hhi}_{jt} \quad (3-2)$$

在式（3-2）中，size 代表企业规模，age 表示企业年龄，klratio 表示资本密集度，wage 表示平均工资，profit 表示企业利润率，finance 表示融资约束，subsidy 表示政府补贴，state 和 foreign 分别表示国有企业和外资企业的虚拟变量，hhi 表示赫芬达尔指数。

其次，我们也对中间品进口是否会影响企业创新强度这一问题感兴趣，为此，我们需要建立一个以企业创新强度为因变量的计量模型进行普通最小二乘法（OLS）估计。但这样直接处理将可能会产生样本选择偏差问题，因为在样本中有相当一部分企业的创新投入（或创新产出）为零，而企业创新活动受到其规模、年龄等诸多因素的影响，即非随机事件。很显然，无论是将这些创新投入（或创新产出）为零的企业包含在回归样本中直接考察中间品进口对企业创新强度的影响还是将这部分企业给予剔除，都会不可避免地导致估计结果出现偏误。赫克曼（Heckman，1979）两步法是处理这一类问题较为有效的计量工具，其具体思路是：先对企业创新决策模型（3-1）进行 Probit 估计，即考察企业是否进行创新，由此提取逆米尔斯比率（inverse mill's ratio），然后，将该比率作为控制变量纳入以下创新强度的决定方程：

$$\text{Innovinten}_{ijkt} = \beta_0 + \beta_1 \ln\text{Input}_{ijkt} + \beta \times \vec{Z}_{ijkt} + \theta\text{Mills}_{ijkt} + v_j + v_k + v_t + \varepsilon_{ijkt}$$

$$(3-3)$$

在式（3-3）中，Innovinten_{ijkt}表示企业创新强度，用企业研发支出占企业总销售额的比重（记为 Innovinten1）或新产品销售额占企业总销售额的比重（记为 Innovinten2）来衡量。Mills_{ijkt}为逆米尔斯比率，由第一阶段 Probit 估计得到，即 $\text{Mills}_{ijkt} = \varphi(\cdot)/\Phi(\cdot)$，其中，$\varphi(\cdot)$为标准正态密度函数，$\Phi(\cdot)$为相应的累计分布函数，如果在估计结果中 Mills_{ijkt} 显著不为 0，则表明存在样本选择偏差，此时采用 Heckman 两步法进行估计是有效的。此外，控制变量 $\vec{Z}_{ijkt}$ 的集合如式（3-2）所示。

3.2.2 指标的测度

根据既有的理论与实证研究文献，本章对控制变量的设定和说明如下：

①企业规模（size），企业规模与创新之间的关系已引起国内外学者的广泛关注（Gayle，2001；Maiti，Singh，2011；聂辉华等，2008），一般而言，规模越大的企业，其拥有的资本和人力资源就越多，相应地更有能力进行创新活动，预期企业规模对创新决策和创新活动具有正向

的影响。衡量企业规模的指标主要有从业人员数、资产总额和销售额，其中，销售额对于生产要素的比例是中性的，而且能反映短期需求的变动，是最合适的企业规模代理变量（Scherer，1965）。因此，本章采用企业销售额取对数来衡量企业规模。

②企业年龄（age），也是影响企业创新活动的重要因素之一（Yasuda，2005），但二者之间的关系尚未得到一致的结论：有的观点认为，企业年龄的增长会伴随着企业投资和规模的扩大、生产管理方式的成熟和知识的积累，相应地会拥有更好的技术创新基础；但同时也有观点指出，新成立的企业更具有创新动力。因此，企业年龄如何影响中国制造业企业创新活动需要做进一步检验，本章用当年年份与企业开业年份的差来衡量企业年龄。

③资本密集度（klratio），通常而言，资本密集型企业相对于劳动密集型企业会更加重视企业的设备更新和研发投入，预期该变量对企业创新决策和创新强度的符号为正。本章采用固定资产净值年平均余额与从业人员年平均人数的比值取对数来衡量资本密集度，其中，固定资产净值年平均余额使用以 1999 年为基期的固定资产投资价格指数进行平减处理。

④平均工资（wage），平均工资水平可作为对劳动力质量的近似替代（赵伟等，2011；毛其淋，盛斌，2013），平均工资较高的企业更能够吸引生产与管理技能较强的员工，也可能更倾向于采用技能密集型的生产方式，据此预期该变量的估计系数符号为正。本章采用应付工资与应付福利费之和再除以从业人员数并取对数来衡量企业的平均工资，为了使数据更具可比性，这里使用 1999 年为基期的居民消费价格指数对名义量进行平减处理。

⑤企业利润率（profit），由于企业进行创新活动往往需要投入大量的资金和相关要素，因此，企业利润率也是企业创新的影响因素之一，我们预期该变量的符号为正。本章采用企业净利润与企业销售额的比值来衡量企业利润率，其中，企业净利润参照邵敏和包群（2011）的做法，使用"利润总额与补贴收入的差额"来表示。

⑥融资约束（finance），融资约束与企业创新之间的关系在近年来逐步引起学者们的关注（Hall，Lerner，2009；张杰等，2012），从理论

上讲，严重的融资约束会限制企业对研发、员工技能培训以及设备更新等方面的投资，进而会抑制企业的创新活动。本章借鉴孙灵燕和李荣林（2011）的做法，采用利息支出与固定资产的比值来衡量融资约束，如果该值越大则表明企业面临的融资约束程度越小，预期该变量的符号为正。

⑦政府补贴（subsidy），与陈林和朱卫平（2011）类似，我们也引入政府补贴变量来控制政府的产业扶持力度和干预程度对企业创新活动的影响。这里用补贴收入与企业销售额的比值取对数表示政府补贴力度。

⑧考虑到中国正处于经济转型过程中，不同所有制类型的企业面临着不同的生产经营环境，继而可能会进一步影响其创新活动，因此，我们有必要在计量模型中进一步控制所有制类型差异对企业创新的影响。具体地，我们引入国有企业虚拟变量（state）和外资企业虚拟变量（foreign）对企业所有权属性加以控制。

⑨赫芬达尔指数（hhi），自熊彼特提出创新理论以来，市场结构与企业创新之间的关系备受学者们的关注，并被广泛地认为是影响企业创新活动的重要因素。本章通过引入赫芬达尔指数来控制市场结构因素对企业创新的影响，赫芬达尔指数的衡量方法为 $hhi_{jt} = \sum_{i \in I_j} (sale_{it}/sale_{jt})^2 = \sum_{i \in I_j} S_{it}^2$，其中，$sale_{it}$表示企业 i 在 t 年的销售额，$sale_{jt}$表示行业 j 在 t 年的总销售额，$S_{it}$表示企业 i 在 t 年的市场占有率。如果该指数越大则表明企业市场集中程度越大，即垄断性越高，若该指数越小则意味着企业的市场竞争程度越强。

3.2.3 数据说明

本章实证分析中使用的是 2000～2007 年中国海关数据库和工业企业数据库的匹配数据，其中，海关数据来自中国海关总署，企业层面数据来自国家统计局的工业企业统计数据库。我们参照余（Yu，2015）、厄普瓦尔德等（Upward et al.，2013）的方法对两套数据进行了匹配，并且对于匹配成功的样本，我们进行了以下处理：（1）删除雇员人数小于 8 人的企业样本；（2）删除企业代码不能——对应，贸易额为零值或负值的样本；（3）删除工业增加值、中间投入额、固定资产净值年平均余额以及固定资产中任何一项存在零值或负值的企业样本；（4）删除企业销售额、平均工资存在零值或负值的企业样本；（5）删除企业年龄小于零的企业样本；（6）贸易中间商可能存在价格调整，出口产品价格和数量信息并不能真实反映生产企业的产品质量信息，因此剔除掉贸易中间商样本，即企业名称中带有"贸易""进出口""物流""工贸""经贸"的企业样本（Amiti et al., 2012）；（7）由于农产品、资源品的质量主要源自资源禀赋，不能准确体现质量内涵，因此剔除农产品和资源品样本；（8）为了保证回归的可信度和数据可信度，剔除总体样本量小于 100 的产品；（9）剔除样本中以中国为出口目的地和以中国为进口来源地的样本（Feng et al., 2012）。

关于中间产品进口信息的识别，我们使用联合国 BEC（broad economic catalogue）的分类法来识别企业的进口中间产品（Feng et al., 2012），其中，BEC 代码为"111""121""21""22""31""322""42""53"等八类是本章要研究的中间品，我们通过将 BEC 码和 HS6 编码进行对应，识别出每个企业从不同来源国进口的中间产品，据此，我们可以得到每个企业历年的中间品进口额和中间品进口种类。其中，每个 HS6 商品与进口国的组合就代表一种中间品进口，也就是相关文献中所定义的中间品进口多样性指标。

表 3-1 报告了主要变量的描述性统计特征。

表 3-1　　　　　各主要变量的描述性统计特征

变量	观察值	均值	标准差	最小值	最大值
Innovation1	123567	0.17934	0.38364	0	1
Innovinten1	123567	0.00227	0.01411	0	1.51279
Innovation2	277942	0.12639	0.33229	0	1
Innovinten2	277942	0.04765	0.42095	0	186.311
lnInput	277942	9.559394	3.106647	0	20.7
size	277942	10.63509	1.36730	2.10990	18.36136
age	277942	15.50671	12.41680	0	58
klratio	277942	3.72824	1.25108	-7.20889	14.16899
wage	277942	2.51729	0.66489	-7.36838	11.22865
profit	277942	0.02965	0.43387	-205	24.06154
finance	277942	0.04632	0.09210	0	5.90318
subsidy	277942	0.00435	0.02707	-1.74549	3.19633

续表

变量	观察值	均值	标准差	最小值	最大值
state	277942	0.12328	0.32876	0	1
foreign	277942	0.30725	0.46135	0	1
hhi	277942	0.00377	0.00497	0.00027	0.16674

3.3 基准估计结果及分析

3.3.1 基准估计结果

表3-2报告了企业创新决策与创新强度决定因素的赫克曼（Heckman）两阶段估计结果，其中，第（1）列~第（2）列是从创新投入的角度进行估计，后两列则是从创新产出的角度进行考察。首先，分析中间品进口与创新投入之间的关系，第（1）列和第（2）列的结果初步表明，中间品进口不仅促进了企业的创新决策，而且显著地提高了创新强度。其次，从创新产出决定因素的估计结果可以看出：第（3）列和第（4）列结果表明，中间品进口引致的成本节约及多样化优质要素获得效应在促进企业创新决策的同时，也显著地提高了企业的创新强度。有必要提及的是，在两组创新强度方程中，逆米尔斯比率（Mills）的估计系数为正并且都通过1%水平的显著性检验，说明在本章的样本中的确存在选择性偏差问题，因此，这里进行Heckman两阶段估计是合适的。最后，从控制变量的估计系数和显著性水平来看，绝大多数检验结果与既有文献所得的结论类似。限于篇幅，这里我们只重点分析中间品进口与企业创新活动之间的关系，而不再细致地解释各个控制变量的回归结果。

表3-2 基准估计结果

变量	创新投入		创新产出	
	创新决策	创新强度	创新决策	创新强度
	（1）	（2）	（3）	（4）
lnInput	0.4345***	0.0024***	0.0375**	0.0018***
	(15.24)	(12.99)	(2.36)	(3.94)

续表

变量	创新投入		创新产出	
	创新决策	创新强度	创新决策	创新强度
	（1）	（2）	（3）	（4）
size	0.2958***	0.0004***	0.2567***	0.0159***
	（15.94）	（73.75）	（10.53）	（86.35）
age	0.0082***	0.0000***	0.0129***	0.0003***
	（19.64）	（5.42）	（42.33）	（2.72）
klratio	0.0650***	0.0002***	0.0480***	0.0078***
	（13.75）	（5.66）	（13.32）	（7.23）
wage	0.1435***	0.0019***	0.1385***	0.0124***
	（15.02）	（22.42）	（19.32）	（5.21）
profit	0.1461***	−0.0001	−0.0056	0.0011
	（2.95）	（−0.53）	（−1.43）	（0.81）
finance	0.1901***	−0.0000	0.2333***	0.0561*
	（4.07）	（−0.02）	（7.10）	（1.78）
subsidy	1.0145***	0.0063***	0.1910	0.0347
	（5.03）	（3.76）	（1.37）	（1.42）
state	0.1286***	−0.0002	0.1158***	0.0159**
	（7.33）	（−1.03）	（9.44）	（2.35）
foreign	−0.2405***	−0.0013***	−0.2233***	−0.0183***
	（−18.42）	（−15.12）	（−21.88）	（−15.30）
hhi	37.0061***	−0.0381***	14.5504***	−0.3291
	（9.39）	（−6.21）	（5.96）	（−0.50）
Mills		0.0065***		0.2035***
		（47.40）		（70.67）
常数项	−5.9875***	−0.0091***	−5.9115***	−0.1980***
	（−75.46）	（−24.66）	（−88.52）	（−31.65）
行业效应	Yes	Yes	Yes	Yes
地区效应	Yes	Yes	Yes	Yes
年份效应	Yes	Yes	Yes	Yes
对数似然值	−47256		−84383	
（Pseudo）R²	0.1870	0.0962	0.1999	0.0880
观察值	123567	123567	277942	277942

注：括号内数值为纠正了异方差后的 t 统计量；***、** 和 * 分别表示 1%、5% 和 10% 的显著性水平。

3.3.2　贸易自由化与企业创新："集约边际"还是"扩展边际"

从前文的基准估计结果可以看到，中间品进口不仅显著地促进了企业的创新决策，而且提高了企业的创新强度。类似于国际贸易文献，这里我们可以把进行创新的企业数量的增减视为企业创新的扩展边际，而把创新强度的增减视为企业创新的集约边际。那么，我们感兴趣的问题是，中间品进口更多的是通过哪种方式影响了中国企业的创新活动？对于这一问题的回答，将有助于更加深入地理解中间品进口影响中国企业创新的作用渠道。

需要指出的是，由于 Probit 模型所采用的分布函数为平滑而非标准正态分布，因此，由它估计得到的参数值与 OLS 结果不能直接进行比较，而要计算其边际系数。① 下面，我们考察中间品进口对企业创新决策与创新强度的影响孰大孰小，由于这两类方程中各变量的数量级不尽一致，因此也就无法根据表 3 - 2 的估计结果进行直接比较。为此，需要对中间品进口变量的估计系数进行标准化处理，计算公式为：$A = \alpha \times se\,(\ln\text{Input})/se\,(\text{Innovation})$，$B = \beta \times se\,(\ln\text{Input})/se\,(\text{Innovinten})$。$se\,(\cdot)$ 表示相应变量的标准差，α、β 分别为创新决策模型和创新强度模型中的中间品进口变量的估计系数。如果 $|A| > |B|$，表明中间品进口对企业创新决策的影响程度大于对企业创新强度的影响程度，即中间品进口对企业创新的"扩展边际"的影响超过"集约边际"，反之则相反。

表 3 - 3 给出了中间品进口标准化系数的测算结果。首先，从创新投入的角度来看，A 和 B 均大于 0，并且有 $|A| > |B|$，这意味着，中间品进口在总体上促进了企业的创新活动，并且更多的是通过影响企业创新的"扩展边际"起作用的。其次，从创新产出的角度来看，A 和 B 均大于 0，并且依然有 $|A| > |B|$，这就再次表明了中间品进口对企业创新的"扩展边际"的影响要大于"集约边际"的影响。

表 3 - 3 　中间品进口估计系数的标准化比较："集约边际"与"扩展边际"

项目	创新投入	创新产出
	（1）	（2）
A	0.0740***	0.0142***
B	0.0513***	0.0035***

注：*** 表示 1% 的显著性水平，表中变量的显著性水平取自表 3 - 1 相对应的变量。

———————————

① 通常的做法是，各个自变量在平均值处计算边际系数。

3.3.3　稳健性分析[①]

3.3.3.1　中间品进口的内生性问题

在本章中，我们担心中间品进口变量可能存在内生性问题。一方面，中间品进口会影响企业的创新活动；另一方面，企业的创新水平也会反作用于企业的中间品进口行为，即双向因果关系可能会导致中间品进口变量存在内生性。为了得到更为可靠的估计结果，我们需要对中间品进口的内生性问题加以控制。基于此，本章使用工具变量来解决这一内生性问题。借鉴冯等（Feng et al.，2012）的方法，我们使用企业层面的中间品进口关税作为企业中间品进口的工具变量进行 2SLS 回归。工具变量的指标构造如下：

$$\tau_{it}^{input} = \sum_{h \in \Omega_{it}} \alpha_{ih,aver} \times \tau_{ht} = \sum_{h \in \Omega_{it}} \left(\frac{va_{ih,aver}}{\sum_{h \in \Omega_{it}} va_{ih,aver}} \right) \times \tau_{ht} \quad (3-4)$$

在式（3-4）中，下标 i 表示企业，h 表示 HS6 位码产品，t 表示年份；Ω_{it} 表示企业 i 在第 t 年进口的产品集合；τ_{ht} 表示产品 h 在第 t 年的进口关税率；权重 $\alpha_{ih,aver} = va_{ih,aver} \big/ \sum_{h \in \Omega_{it}} va_{ih,aver}$，与冯等（Feng et al.，2012）的做法类似，$\alpha_{ih,aver}$ 为固定权重，由样本期内产品 h 的进口占企业 i 中间品总进口的平均比重来表示。使用固定权重的好处在于，可以避免因贸易权重和中间品进口关税之间的相互关系而导致的内生性问题，其中，$va_{ih,aver}$ 表示企业 i 在样本期内对产品 h 的平均进口额。这里所用的产品关税数据，主要来自 WTO 的关税下载工具（tariff download facility）数据库以及世界银行的世界综合贸易方案（WITS）数据库。

基于工具变量的 Heckman 两步法[②]的估计结果，报告在表 3-4 中的第（1）列和第（2）列。从中可以看出，在创新决策模型中，中间

[①]　限于篇幅，这里只报告了对以创新产出表示的企业创新活动的决定因素进行稳健性检验，此外，我们也对以创新投入表示的企业创新活动的决定因素进行稳健性分析，发现结论也是稳健的。

[②]　其中，第一步采用 IV-Probit 方法对创新决策模型进行估计，在此基础上构造逆米尔斯比率，第二步采用工具变量两阶段最小二乘法（2SLS）对创新强度模型进行估计。

品进口引致的成本节约及多样化优质要素获得效应显著地促进了企业的创新决策。此外，在创新强度模型中，中间品进口的估计系数为正并通过1%水平的显著性检验，说明中间品进口显著地提高了企业的创新强度。这也进一步支持了上文的基本结论。

另外，我们还通过多种统计量来检验所选工具变量的合理性：首先，我们采用LM统计量来检验未被包括的工具变量是否与内生变量相关，结果在1%的显著性水平上拒绝了"工具变量识别不足"的原假设。其次，Wald rk F统计量远远大于Stock-Yogo检验10%水平上的临界值7.03，因此，拒绝工具变量是弱识别的假定。最后，安德松和鲁宾（Anderson，Rubin，1949）的Wald检验以及Stock和Wright的S统计量都在5%水平上拒绝了"内生回归系数之和等于零"的原假设，进一步说明了工具变量与内生变量之间具有较强的相关性。由此可以判断，本章所构造的工具变量具有一定的合理性。总而言之，本章的基本结论在进一步处理贸易自由化的内生性问题之后依然稳健。

3.3.3.2　采用Tobit估计方法

在本章的样本中，创新强度被定义为企业新产品销售额占总销售额的比重，因此，不可能为负，而是表现为以0为下限的删节变量（censored variable）。在处理这类数据时，如果简单地将零值剔除或直接采用OLS方法进行估计，得到的结果将可能是有偏的。尽管前文所用的Heckman两步法在一定程度上降低了选择性偏差，但作为一种稳健性检验，这里我们采用Tobit模型直接考察贸易自由化对企业创新强度的影响，估计结果报告在表3-4的第（3）列。从中可以看到，中间品进口的估计系数为正并通过1%水平的显著性检验，表明中间品进口引致的成本节约及多样化优质要素获得效应显著地提高了企业的创新强度。此外，各个控制变量的系数符号和显著性水平没有发生任何实质性变化，这反映了本章研究结论具有很好的稳健性。

3.3.3.3　采用PPML方法处理零值问题

正如前文分析所提到的，企业创新的零值问题是本章样本的一大特征，如果处理不恰当，所得到的估计结果将很可能是有偏的。Tobit模型通常是处理这类问题较为便捷的计量工具，但该方法也具有一定的局限性。例如，当存在异方差时，采用 Tobit 模型进行分析将得到不一致的估计量（Silva，Tenreyro，2006）。作为进一步的稳健性检验，我们采用由席尔瓦和滕雷罗（Silva，Tenreyro，2006）发展得到的泊松虚拟极大似然法（poisson pseudo-maximum-likelihood，PPML）进行估计，结果如表 3 - 4 的第（4）列所示。从中可以看出，与 Tobit 模型结果相比，中间品进口估计系数的显著性水平有所下降，但依然通过 10% 水平的显著性检验，表明中间品进口确实显著地提高了企业的创新强度。

3.3.3.4　基于动态面板模型的再估计

在上述所有分析中，均未涉及企业创新的动态行为，然而，企业的创新活动可能与其在上一时期是否进行创新有关。为了考察企业创新是否具有持续性特征，我们在前面静态模型的基础上进一步引入企业创新的一期滞后项将其扩展为一个动态面板模型，这样处理的好处还体现在可以涵盖未考虑到的其他影响因素，进而减轻遗漏变量偏差。动态面板模型的估计方法主要有差分 GMM 和系统 GMM，其中，系统 GMM 充分利用了差分方程与水平方程的信息，适合于估计具有"大截面、短时期"特征的样本。此外，相对于一步法估计而言，两步法系统 GMM 估计较不容易受到异方差的干扰，不过，在有限样本下，由两步法估计得到的标准误会出现下偏，对于这一点，本章采用温德梅耶（Windmeijer，2005）的方法对两步法标准误的偏差进行矫正。在处理内生性问题方面，动态面板系统 GMM 方法的优势在于只需用变量的滞后项作为工具变量，我们选择创新强度和中间品进口变量的两阶及其更高滞后项的水平变量作为差分方程的工具变量进行估计，结果报告在表 3 - 4 的第（5）列。

需要指出的是，两步法系统 GMM 估计的可靠性取决于工具变量的可靠性和模型设置的合理性，为此我们进行了两类检验：其一是 Hansen 过度识别检验，其原假设是"工具变量是有效的"；其二是 Arellano-Bond AR（1）检验及 Arellano-Bond AR（2）检验，其原假设分别为"模型的残差序列不存在一阶序列相关"和"模型的残差序列不存在二阶序列相关"，如果不能在 10% 水平上拒绝 Arellano-Bond AR（2）检验，则表明模型的设定是合理的。从检验结果可以看出，Hansen 检验的 p 值大于 0.1，说明不能拒绝"工具变量是有效的"原假设；Arellano-Bond AR（1）检验的 p 值小于 0.05，但 Arellano-Bond AR（2）检验的 p 值大于 0.1，这意味着，残差项只存在一阶序列相关性而不存在二阶序列相关性，即回归模型的设定是合理的。接下来分析估计结果，因变量的滞后一期项显著为正，说明企业的创新活动具有明显的持续性特征。中间品进口的估计系数为正并通过 5% 水平的显著性检验，再次说明了中间品进口引致的成本节约及多样化优质要素获得效应显著地提高了企业的创新强度。

表 3-4　　　　　　　　　稳健性检验结果

变量	基于工具变量的 Heckman 两步法		Tobit	PPML	SYS-GMM
	IV-Probit	2SLS			
	（1）	（2）	（3）	（4）	（5）
lnInput	0.0878***	0.0028***	0.0397***	0.0782*	0.0016**
	（3.16）	（2.61）	（3.60）	（1.71）	（2.36）
size	0.2576***	0.0157***	0.2665***	0.2359***	0.0261***
	（10.28）	（15.48）	（69.08）	（12.25）	（8.84）
age	0.0133***	0.0003**	0.0119***	0.0050**	0.0006***
	（4.14）	（2.23）	（30.32）	（2.39）	（3.34）
klratio	0.0498	0.0081***	0.0715***	0.2009***	0.0022*
	（0.60）	（7.17）	（14.98）	（9.53）	（1.86）
wage	0.1434**	0.0104***	0.1625***	0.2904***	0.0024**
	（2.35）	（5.08）	（18.15）	（10.52）	（2.27）
profit	-0.0067	0.0015	0.0112	0.1564***	0.0086*
	（-0.95）	（0.91）	（0.36）	（2.88）	（1.65）
finance	0.2362***	0.0531*	0.4016***	0.9891***	0.0196**
	（6.93）	（1.72）	（8.24）	（4.16）	（2.31）
subsidy	0.2580*	0.0387	0.3658*	1.3666***	0.0274
	（1.87）	（1.62）	（1.86）	（2.77）	（0.74）
state	0.1064	0.0160**	0.1503***	0.2210*	0.0155**
	（1.21）	（2.36）	（9.48）	（1.71）	（2.20）
foreign	-0.2239**	-0.0175***	-0.2517***	-0.6470***	-0.0115
	（-2.24）	（-14.75）	（-19.86）	（-20.62）	（-1.38）
hhi	15.1238***	0.6636	12.2298***	11.6068	-0.4347**
	（5.67）	（1.17）	（4.14）	（0.88）	（-2.30）
Imr		0.2035***			
		（70.64）			
L. Innovinten2					0.0260***
					（28.75）
常数项	-5.8958***	-0.1919***	-6.8438***	-10.2377***	0.2950***
	（-77.48）	（-27.13）	（-78.97）	（-37.52）	（9.62）

续表

变量	基于工具变量的 Heckman 两步法		Tobit	PPML	SYS-GMM
	IV-Probit	2SLS			
	(1)	(2)	(3)	(4)	(5)
wald 外生性检验	7.41 [0.0246]				
Hansen 检验					83.90 [0.2502]
AR (1) 检验					-3.76 [0.0002]
AR (2) 检验					0.97 [0.3332]
Kleibergen-Paap rk LM 统计量		325.348 [0.00]			
Kleibergen-Paap Wald rk F 统计量		158.004 {7.03}			
Anderson-Rubin Wald 统计量		6.97 [0.0307]			
Stock-Wright LM S 统计量		6.97 [0.0306]			
(Pseudo) R²		0.0848	0.1283	0.0179	
对数似然值			-107325	-46565	
行业效应	Yes	Yes	Yes	Yes	Yes
地区效应	Yes	Yes	Yes	Yes	Yes
年份效应	Yes	Yes	Yes	Yes	Yes
观察值	277942	277942	277942	277942	247090

注：圆括号内数值为纠正了异方差后的 t 统计量，方括号内数值为相应统计量的 p 值；大括号内数值为 Stock-Yogo 检验 10% 水平上的临界值。*** 、** 和 * 分别表示 1%、5% 和 10% 的显著性水平。

3.4　中间品进口对企业创新活动的异质性影响

前文的分析是将不同特征的企业样本混合在一起进行回归，得到的是中间品进口对企业创新影响的平均效应，而并未对不同特征企业的影响加以甄别。然而，企业的异质性特征目前越来越引起人们的重视，即使是在同一个产业内部，企业之间在生产率、规模大小等方面均存在显著的差异。那么，随之而来的一个问题是，中间品进口对不同特征企业的创新活动的影响具有差异性吗？对这一问题的深入研究，显然有助于进一步理解中间品进口对中国企业创新活动的影响机制。

下面，我们借鉴比斯托（Bustos，2011）的做法，构建式（3-5）来考察中间品进口对企业创新活动的异质性影响效应：①

$$\Pr(\text{Innovation}_{ijkt} = 1) = \Phi\left(\alpha_0 + \sum_{qr=1}^{4} \alpha_1^{qr} \times (\text{lnInput}_{ijkt} \times X_{ijkt\_qr})\right.$$
$$\left. + \sum_{qr=2}^{4} \delta^{qr} \times X_{ijkt\_qr} + \alpha \times \vec{Z}_{ijkt} + \xi\right) \quad (3-5)$$

在式（3-5）中，X 为待考察的企业异质性特征变量（包括企业生产率 tfp、企业规模 size、融资约束 finance）；qr = 1，2，3，4，表示企业特征按照从小到大排序的 4 分位数。② 相应地，X_{ijkt_qr} 表示企业特征虚拟变量，当企业 i 的 X 特征变量属于第 qr 分位数时取值为 1，否则为 0。需要说明的是，考虑到研发支出数据在多个年份存在缺失值，而且，采用研发支出指标刻画创新活动本身也存在一定的缺陷，③ 在接下来的分析中，我们主要采用新产品销售额来衡量企业创新活动。

3.4.1 企业生产率的异质性

表3-5 的第（1）列考察了中间品进口对不同生产率特征企业创新活动的影响。估计结果显示，中间品进口与企业生产率第 1 分位数虚拟变量的交叉项（lnInput × tfp_ q1）的估计系数为正但并不显著，说明中间品进口对最低生产率企业的创新活动只有微弱的促进作用。中间品进口与企业生产率第 2 分位数虚拟变量的交叉项（lnInput × tfp_ q2）的估计系数显著为正，表明中间品进口引致的成本节约及多样化优质要素获得效应显著地提高了中低生产率企业进行创新的概率。此外，没有证据表明中间品进口对中高生产率企业和最高生产率企业的创新活动产生明显的影响。之所以存在这种差异，其原因可能在于企业是否进行创新需要跨越一定的门槛条件（Bustos，2011），尽管最低生产率企业可以从

---

① 限于篇幅，这里我们只考察中间品进口对企业创新决策的异质性影响。

② 这里，我们以企业特征变量的样本平均值为基础将企业划分为四个等份，此外，我们还尝试以企业特征变量的初始年份值为基础对企业进行分组，所得的估计结果与前者相比十分类似。

③ 吴延兵（2008）指出，研发支出本身仅仅反映了创新的投入状况而不是产出状况，而且，研发支出指标忽略了那些非正式的研发活动。

中间品进口中实现成本节约以及获得多样化的优质要素，但它在中间品进口之后仍然难以跨越创新所需的门槛条件。另外，与此相反的是，高生产率企业可能在中间品进口之前就已经跨越了创新门槛，这样就不难理解为何中间品进口对这些企业的创新决策没有明显的影响。

3.4.2　企业规模的异质性

表 3 - 5 的第（2）列给出了中间品进口对不同规模特征企业创新活动影响的估计结果。我们发现，在 4 个交叉项中，只有 lnInput × size_q4 的估计系数没有通过显著性检验，说明中间品进口对最大规模企业的创新活动没有明显的影响。其可能的原因在于，最大规模企业本身拥有丰富的资本、人力资本及其他要素资源，进而可能在中间品进口之前就已经跨越了创新门槛。除此之外，其余 3 个交叉项的估计系数为正并都通过了 1% 水平的显著性检验，这表明中间品进口引致的成本节约及多样化优质要素获得效应显著地促进了中低规模企业的创新决策。

3.4.3　企业融资约束的异质性

企业融资约束的异质性，在国内外研究中日益引起人们的关注（Chaney，2005；Manova，2008；余淼杰，李志远，2011），表 3 - 5 的第（3）列考察了中间品进口对不同融资约束特征企业创新活动的影响。从第（3）列的估计结果可以看出，中间品进口对不同程度融资约束企业的创新活动具有显著的异质性影响，即中间品进口对较高融资约束企业的创新活动具有显著的促进作用，但对最低融资约束企业的创新活动则没有明显的影响效应。其实也不难理解这一发现，因为融资约束程度最低的企业在中间品进口之前就有可能通过多种融资渠道获得用于开展创新活动的资金。而与此不同的是，融资约束较高的企业则难以有效地获得所需的资金和相关要素资源，进而也就无法跨越创新门槛，但中间品进口引致的成本节约及多样化优质要素获得效应可以在一定程度上缓解这些企业所面临的融资约束和其他方面的资源约束，结果显著提高了这类企业进行创新的可能性。

表3-5　贸易自由化对企业创新活动异质性影响的 Probit 估计结果

变量	生产率异质性	规模异质性	融资约束异质性
	X = tfp	X = size	X = finance
	（1）	（2）	（3）
X_q2	0.0458***	0.2192***	0.1334***
	（3.34）	（16.14）	（10.15）
X_q3	0.0872***	0.4129***	0.2158***
	（5.88）	（31.38）	（16.46）
X_q4	0.1071***	0.8069***	0.2463***
	（5.99）	（61.08）	（18.42）
lnInput* X_q1	0.0271	0.0418**	0.0560***
	（1.53）	（2.23）	（3.11）
lnInput* X_q2	0.0634***	0.0499***	0.0345**
	（3.62）	（2.78）	（1.99）
lnInput* X_q3	0.0266	0.0458***	0.0388**
	（1.47）	（2.63）	（2.19）
lnInput* X_q4	0.0012	0.0001	0.0205
	（0.07）	（0.00）	（1.18）
lnInput	0.0128***	0.0122***	0.0125***
	（3.57）	（3.45）	（5.53）
size	0.2376***		0.2503***
	（63.34）		（83.65）
age	0.0131***	0.0132***	0.0127***
	（42.90）	（43.43）	（41.91）
klratio	0.0456***	0.0622***	0.0466***
	（12.61）	（17.38）	（12.91）
wage	0.1313***	0.1922***	0.1511***
	（18.26）	（27.18）	（20.86）
profit	-0.0072*	0.0559***	0.0013
	（-1.70）	（2.73）	（0.10）
finance	0.2187***	0.2924***	
	（6.64）	（8.90）	
subsidy	0.1842	-0.0165	0.2271
	（1.33）	（-0.10）	（1.53）
state	0.1243***	0.0932***	0.1398***
	（10.08）	（7.61）	（11.32）
foreign	-0.2226***	-0.2376***	-0.1778***
	（-21.79）	（-23.28）	（-17.13）
hhi	14.9947***	12.7179***	14.8039***
	（6.16）	（5.50）	（6.09）
常数项	-5.8009***	-3.7533***	-5.9667***
	（-85.33）	（-62.18）	（-89.02）
行业效应	Yes	Yes	Yes

续表

变量	生产率异质性	规模异质性	融资约束异质性
	X = tfp	X = size	X = finance
	（1）	（2）	（3）
地区效应	Yes	Yes	Yes
年份效应	Yes	Yes	Yes
对数似然值	−84328	−85121	−84084
Pseudo R²	0.2004	0.1929	0.2028
观察值	277942	277942	277942

注：括号内数值为纠正了异方差后的 t 统计量；*** 、** 和 * 分别表示 1% 、5% 和 10% 的显著性水平。

3.5　模型的拓展：中间品进口会影响企业创新的持续时间吗？

在前文我们针对中间品进口对企业创新决策和创新强度的影响效应进行了较为细致的考察，发现中间品进口不仅显著地促进了企业的创新决策，也提高了其创新强度，并且中间品进口对不同特征企业的创新活动具有异质性的影响，但这些分析均未涉及企业创新的持续期问题。然而在现实中，有些企业具有连续性的创新活动，但也有些企业只在某个特定的时间段才有创新活动。我们特别感兴趣的问题是，中间品进口对企业创新持续时间究竟产生了怎样的影响？在这一节，我们将采用生存分析模型对此作进一步深入的研究。

3.5.1　数据处理及初步分析

首先，我们定义企业创新持续时间为某个企业从有创新活动直至终止创新活动（中间没有间断）所经历的时间长度，单位为年。企业终止创新活动被称为"风险事件"，它可能是企业的创新产出（或创新投入）为零但企业仍然在经营，也可能是企业倒闭完全退出。由于本章考察的对象是 1999～2007 年持续经营的企业，因此这里的"风险事件"只由第一种情形导致。不过需要注意的是，直接使用 1999～2007 年样本数据进行生存分析将面临数据删失问题，包括左删失（left censoring）

和右删失（right censoring）。所谓左删失是指，无法获知比样本数据时间更早年份的企业创新状态，[1] 忽略这一问题很显然会倾向于低估企业创新持续时间。为此，我们把在 1999 年没有创新活动但在 2000 ~ 2007 年有创新活动的企业作为新的分析样本。经过上述处理后，企业创新持续时间最长为 8 年。另外，所谓右删失指，无法获得样本期之后年份的企业创新状态信息，[2] 不过无须担心右删失问题，因为这类问题在生存分析方法中能够得到很好的解决（陈勇兵等，2012；毛其淋，盛斌，2013）。

在生存分析法中，常用生存函数（survivor function）或风险函数（hazard function）刻画生存时间的分布特征，这里把企业有创新活动视为"存活"，否则，则认为风险事件发生（即把企业终止创新活动的事件称为"风险事件"或"失败"）。我们令 T 为企业保持创新状态的时间长度，取值为 $t_i = 1, 2, 3, \cdots$，其中，i 表示某个特定的持续时间段。一个企业保持创新状态的持续时间段有可能是完整的（记为 $c_i = 1$），也有可能是右删失的（记为 $c_i = 0$）。[3] 接下来，把企业保持创新状态的生存函数定义为：

$$S_i(t) = Pr(T_i > t) = \prod_{k=1}^{t} (1 - h_{ik}) \qquad (3-6)$$

生存函数可以理解为企业的创新持续时间大于 t 年的概率，在式（3-6）中，$T_i = \min \{T_i^*, C_i^*\}$，其中，$T_i^*$ 为完整时间段的时间长度潜变量，C_i^* 为右删失时间段的时间长度潜变量，h_{ik} 为风险函数，表示企业在第 $t-1$ 期有创新活动的条件下，在第 t 期终止创新活动的概率，即：

$$h_i(t) = Pr(t-1 < T_i \le t \mid T_i > t-1) = \frac{Pr(t-1 < T_i \le t)}{Pr(T_i > t-1)}$$

$$(3-7)$$

通常可以采用 Kaplan-Meier 乘积项的方式对生存函数进行非参数估计，表示为：

---

[1] 例如，在本书中，如果某个企业在 1999 年有创新活动，而实际上我们并不清楚该企业开始有创新活动的确切年份。

[2] 例如，如果某个企业在 2007 年有创新活动，我们则无法知道企业在下一年是否仍然有创新活动。

[3] 当在一个持续时间段中有风险事件发生（例如，企业终止创新活动）时，我们则认为该持续时间段是完整的，否则，如果一个持续时间段从头至尾未有危险事件发生（即在考察期结束时企业仍然有创新活动），则认为是右删失的情形。

$$\hat{S}(t) = \prod_{k=1}^{t} \left[\frac{N_k - D_k}{N_k} \right] \qquad (3-8)$$

在式（3-8）中，N_k 表示在 k 期中处于风险状态中的持续时间段的个数，D_k 表示在同一时期观测到的"失败"对象的个数（即终止创新活动的企业数）。

此外，风险函数的非参数估计式可表示为：

$$\hat{h}(t) = \frac{D_k}{N_k} \qquad (3-9)$$

为了初步考察中间品进口对企业创新持续时间的影响，接下来，我们采用 Kaplan-Meier 方法进行生存估计。在对生存函数进行估计之前，需要对企业按照其进口中间品的中位数值进行分类，把大于中位数值的企业视为中间品进口水平高的行业，其余的为中间品进口水平低的行业。

图 3-1 给出了按中间品进口水平进行分组的生存函数和风险函数的估计结果。对于中间品进口水平较高的企业，其生存曲线始终位于较高的位置，表明在中间品进口水平较高的企业创新的持续时间相对也较长。上述分析初步反映了中间品进口有助于延长企业创新的持续时间。此外，从图 3-1 的风险率估计曲线都可以看出，企业的创新活动在开

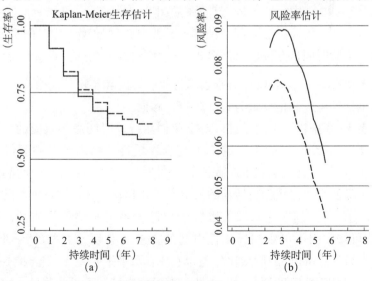

图 3-1 企业创新持续时间的生存曲线和风险率曲线

注：图中实线表示中间品进口水平较低组别，虚线表示中间品进口水平较高组别。

始两年内面临较高的风险率，但随后迅速下降。这表明企业创新终止的概率在进行创新的初期是最高的，随着时间的推移，终止创新的风险逐渐下降，即企业创新持续时间具有明显的负时间依存性特征。

3.5.2 估计结果及分析

为了准确地揭示中间品进口与企业创新持续时间之间的关系，接下来，我们转向更为严谨的计量分析。通常而言，相对于连续时间模型（如 Cox 比例风险模型），离散时间模型更具有优势（Hess, Persson, 2011），它不仅可以有效地处理结点问题，还可以方便地控制不可观测的异质性。更为重要的是，它无须满足"比例风险"的假设条件。鉴于此，本章选用离散时间模型进行估计。与伊尔马库纳斯和努尔米（Il-makunnas, Nurmi, 2010）、陈勇兵等（2012）以及毛其淋和盛斌（2013）的做法类似，本章建立以下离散时间的 cloglog 生存模型进行计量分析：

$$\text{cloglog}(1 - h_{it}) = \beta_0 + \beta_1 \ln \text{Input}_{ijkt} + \beta \times \vec{Z}_{ijkt} + \tau_t + v_j + v_k + v_t + \varepsilon_{ijkt}$$

$$(3-10)$$

在式（3-10）中，$h_{it} = \Pr(T_i < t+1 \mid T_i \geq t, x_{it}) = 1 - \exp[-\exp(\beta' x_{it} + \tau_t)]$ 代表离散时间风险率；τ_t 为基准风险率、为时间的函数，可用于检验时间依存性的具体形式；x_{it} 为协变量，包括 $\ln \text{Input}_{ijkt}$ 和控制变量向量 $\vec{Z}_{ijkt}$；v_j、v_k 和 v_t 分别表示行业、地区和年份特定效应，ε_{ijkt} 表示随机扰动项；其他变量与式（3-3）相同。

表3-6报告了中间品进口对企业创新持续时间影响效应的估计结果。其中，第（1）列未控制不可观测异质性，结果得到中间品进口（lnInput）的估计系数在5%显著水平上为负。这意味着，中间品进口倾向于降低企业终止创新活动的风险率，即延长了企业进行创新的持续时间。第（2）列在此基础上进一步控制了不可观测的异质性，根据 rho 值可知，因不可观测异质性引起的方差占总误差方差的比例约为56%。另外，rho 值的似然比检验也在1%水平上拒绝了"企业不存在不可观测异质性"的原假设，因此，在模型中控制不可观测异质性是很有必要的。在对不可观测异质性进行控制之后，中间品进口的估计系数

在 5% 水平上显著为正，而且与第（1）列的估计结果相比，变量估计系数的绝对值有所提高，再次表明中间品进口确实有助于延长企业创新的持续时间。

表 3 - 6　　　　　中间品进口对企业创新持续时间的影响

变量	未控制不可观测异质性	控制不可观测异质性		
	总体样本	总体样本	首个持续时间段	唯一持续时间段	进行间隔调整后
	（1）	（2）	（3）	（4）	（5）
lnInput	- 0. 1281**	- 0. 2258**	- 0. 1842	- 0. 3066*	- 0. 2667**
	（- 2. 22）	（- 2. 10）	（- 1. 48）	（- 1. 89）	（- 2. 34）
size	- 0. 1733***	- 0. 2242***	- 0. 2640***	- 0. 3899***	- 0. 2288***
	（- 9. 83）	（- 7. 53）	（- 7. 57）	（- 8. 72）	（- 7. 08）
age	- 0. 0012	- 0. 0025	- 0. 0028	0. 0011	0. 0022
	（- 0. 66）	（- 0. 82）	（- 0. 78）	（0. 23）	（0. 66）
klratio	- 0. 0177	- 0. 0318	- 0. 0530	- 0. 0742	- 0. 0525
	（- 0. 78）	（- 0. 90）	（- 1. 31）	（- 1. 48）	（- 1. 39）
wage	- 0. 1517***	- 0. 1949***	- 0. 1894***	- 0. 3477***	- 0. 2419***
	（- 3. 93）	（- 3. 18）	（- 2. 66）	（- 3. 74）	（- 3. 64）
profit	- 0. 8731***	- 1. 1490***	- 1. 3397***	- 1. 5430***	- 1. 2117***
	（- 6. 50）	（- 4. 23）	（- 4. 01）	（- 3. 52）	（- 3. 82）
finance	- 0. 5404	- 0. 3371	- 0. 4678	- 0. 3612	- 0. 3242
	（- 1. 63）	（- 0. 68）	（- 0. 77）	（- 0. 50）	（- 0. 57）
subsidy	- 1. 1739	- 1. 5985	- 2. 0453	- 2. 4928	- 1. 5919
	（- 1. 43）	（- 1. 33）	（- 1. 60）	（- 1. 50）	（- 1. 28）
state	- 0. 1360*	- 0. 1515	- 0. 2144	- 0. 2057	- 0. 1700
	（- 1. 80）	（- 1. 16）	（- 1. 43）	（- 1. 11）	（- 1. 20）
foreign	0. 2550***	0. 3989***	0. 4206***	0. 7368***	0. 5785***
	（5. 17）	（4. 51）	（4. 11）	（5. 61）	（6. 09）
hhi	- 1. 3244	- 0. 0000	1. 6045	2. 8105	5. 0519
	（- 0. 21）	（- 0. 00）	（0. 18）	（0. 28）	（0. 62）
常数项	0. 8382***	1. 0051***	2. 3164***	4. 2013***	2. 2021***
	（3. 84）	（2. 88）	（3. 80）	（6. 82）	（5. 02）
行业效应	Yes	Yes	Yes	Yes	Yes
地区效应	Yes	Yes	Yes	Yes	Yes
年份效应	Yes	Yes	Yes	Yes	Yes
对数似然值	- 5918	- 5529	- 4459	- 3371	- 5109
rho 值		0. 5626	0. 6059	0. 6579	0. 5769

续表

变量	未控制不可观测异质性	控制不可观测异质性			
	总体样本	总体样本	首个持续时间段	唯一持续时间段	进行间隔调整后
	（1）	（2）	（3）	（4）	（5）
rho 值的似然比检验		776.24 [0.00]	734.40 [0.00]	547.26 [0.00]	544.68 [0.00]
观察值	13590	14355	11752	10560	14053

注：括号内数值为纠正了异方差后的 t 统计量；*** 、** 和 * 分别表示 1%、5% 和 10% 的显著性水平；rho 表示企业不可观测异质性的方差占总误差方差的比例，rho 值的似然比检验的原假设为"不存在不可观测异质性"；我们在所有回归中引入持续时间段特定虚拟变量（Duration2 ~ Duration8）对基准风险率加以控制，限于篇幅，在回归表中没有列出。

此外，从表 3 - 6 的第（2）列的估计结果还可以看出，企业规模（size）、平均工资（wage）和企业利润率（profit）的估计系数均在 1% 水平上显著为负，这说明规模越大、人力资本水平越高及盈利性越好的企业，其创新持续时间也就越长，这与通常的预期是相吻合的。企业年龄（age）、资本密集度（klratio）、融资约束（finance）、政府补贴（subsidy）、赫芬达尔指数（hhi）的估计系数为负，但均未能通过常规显著性水平检验，说明这些因素对延长企业创新时间只有微弱的促进作用。有趣的是，外资企业虚拟变量（foreign）的估计系数显著为正，说明外资企业的创新持续时间相对较短，这可能与外资企业进入中国市场的主要动机是"要素寻求型"有关。其中，有相当一部分外资企业从事加工贸易，它们把中国作为制造、加工与装配的平台然后再将产品出口到第三国，因此，其本身不需要太多自主创新的诉求。

上述估计都是针对多重持续时间段①样本进行的，为了考察估计结果的稳健性，接下来，我们分别对首个持续时间段（first spell）样本和唯一持续时间段（one spell only）样本进行估计。② 此外，对于多重持续时间段样本，我们把一个企业相邻两个持续时间段的间隔仅为 1 年的

---

① 所谓多重持续时间段是指，在一定时期内，企业保持创新状态一段时间，然后终止创新活动（至少一年），接着又开始进行创新活动。

② 举例来说，假如某个企业在 2000 ~ 2001 年有创新活动，2002 年终止创新活动并持续至 2004 年，2005 年开始又有创新活动，但在 2007 年再次终止创新活动，那么，2000 ~ 2001 年即为首个持续时间段，很显然，唯一持续时间段一定是首个持续时间段，但首个持续时间段则不一定是唯一持续时间段。

情形视为一个连续的持续时间段，即进行间隔调整（gap - adjusted）。例如，假设某个企业在 2000～2002 年持续有创新活动，随后，又在 2004～2006 年持续有创新活动，由于两个时间段的间隔相差 1 年，按照该方法把这两个时间段当作一个持续时间段处理，即创新持续时间为 7 年。表 3 - 6 中的第（3）列～第（5）列分别报告了首个持续时间段样本、唯一持续时间段样本和间隔调整样本的估计结果，从中可以看出，中间品进口估计系数均至少在 10% 水平上显著为负，再次说明中间品进口引致的成本节约及多样化优质要素获得效应降低了企业终止创新的风险率，即有助于延长企业创新的持续时间。此外，其他企业异质性特征变量的估计系数符号和显著性水平没有发生根本性变化，这表明我们的估计结果总体上是很稳健的。

3.6　小　　结

利用 2000～2007 年工业企业大样本微观数据和高度细化的海关贸易数据，本章实证考察了中间品进口对中国制造业企业创新活动的影响效应。为了更细致地揭示二者之间的关联，本章从创新投入与创新产出两个维度来刻画企业的创新活动。本章研究得到的主要结论有：

（1）中间品进口对中国制造业企业的创新活动具有显著的促进作用，不过，这主要体现在由中间品进口引致的成本节约及多样化优质要素获得效应上，并且，中间品进口对企业创新决策的影响大于对创新强度的影响。以上结论在有效地克服了中间品进口变量的内生性问题之后依然稳健。

（2）中间品进口对不同特征企业的创新活动具有显著的异质性影响，特别地，在企业生产率的异质性方面我们发现，中间品进口显著地提高了中低生产率企业进行创新的概率，但对中高生产率企业和最高生产率企业的创新活动没有明显的影响。

（3）通过采用离散时间生存分析模型的研究还发现，中间品进口有助于延长企业创新的持续时间。此外我们还发现，规模越大、人力资本水平越高以及盈利性越好的企业，其创新的持续时间也越长。

　　尽管目前有不少文献考察了中国企业的创新问题，但鲜有文献专门从中间品进口的角度对此进行深入的探讨。本章深入地研究了中间品进口对中国制造业企业创新活动的影响，结果发现，中间品进口引致的成本节约及多样化优质要素获得效应显著地促进了企业的创新活动，这一点恰恰是目前大多数相关文献所忽略的。此外，本章还在分析中首次引入生存分析模型进一步探求中间品进口对已创新企业的创新持续时间的影响，发现中间品进口显著地延长了创新的持续时间。因此，本章在一定程度上丰富了对中间品进口贸易自由化和企业创新关系研究的文献，为理解中国制造业企业的创新活动提供了一个新的视角，更为重要的是，本章的研究还为事后客观评估中国"入世"的经济效果提供了微观层面上的依据。当然，本章的研究仍然存在一些不足之处。

第 4 章

中间品进口与制造业
企业出口产品质量升级

中间品进口究竟会如何影响企业的出口产品质量？基于 2000～2007 年工业企业微观数据和海关贸易数据，本章深入考察了中间品进口对中国制造业企业出口产品质量的影响。结果表明，中间品进口通过中间产品质量效应、产品种类效应与技术溢出效应三个可能的渠道显著地促进了企业出口产品质量提升，但是该效应因企业生产率水平、融资约束、所有制和贸易方式的不同而有显著的异质性，并且，因中间品进口来源国和中间品技术含量的不同而不同。我们还特别考察了地区制度环境的重要性，发现良好的地区制度环境有利于强化中间品进口对制造业企业出口产品质量的积极影响。最后，行业出口质量的动态分解结果显示，行业出口质量的提高主要得益于集约边际，扩展边际的作用有限。另外，资源再配置效应对行业出口质量提高的贡献高达 58%，其在中间品进口促进行业出口质量提高中发挥了关键作用。本章从微观层面证实了中间品进口有益于提升企业产品质量的论断，对于客观评估中国中间品进口的经济绩效和中国贸易均衡战略的实现具有重要的现实意义。

4.1 问题的提出

改革开放以来，我国通过鼓励先进技术、核心设备和关键零部件的进口，来生产出符合国际出口市场要求的产品，以提升出口产品的国际竞争力，也由此导致了我国"为出口而进口"现象的出现（巫强，刘志彪，2009；余淼杰，李晋，2013；张杰等，2014a）。2013 年，我国进口额达到 19503 亿美元，占全球进口的比重高达 10.3%，已经是仅次于美国的全球第二大进口国。其中，中间产品进口所占比重不断上升，中间产品进口占全部进口的比重由 1995 年的 67.6% 上升到 2013 年的 78.6%。并且，中间品采购不断向全球供应链的上游延伸，如果以中间品的单位价值来近似地表示其技术含量的话，2010 年，中国中间品的单位进口均价是 2000 年的 20 多倍。①

在中间品进口的带动下，中国出口贸易规模得到迅速扩张，成为世界第一大出口国。中国货物出口贸易总额从 2000 年的 2492 亿美元增至 2013 年的 22096 亿美元，年均增长超过 20%。但是，世界经济论坛（world economic forum，WEF）发布的《2013 ~ 2014 年全球竞争力报告》中，中国的全球竞争力仅列第 29 位，这与中国的经济总量和出口地位形成鲜明对比，在某种程度上意味着，中国出口产品仍然存在"多而不强"的问题。而有学者质疑，长期以来，中国"为出口而进口"的行为可能并没有促进出口产品质量的同步提升。

毋庸置疑，当下唯有提升中国出口产品质量，才可能改变中国在全球价值链中的低端位置和当前出口产品"多而不强"的现状。而在当前全球平衡增长的新形势下，我国外贸战略重心开始逐步由突破出口障碍向扩大进口规模、促进贸易平衡的方向转化，因此，充分发挥中间品进口对中国出口产品升级和贸易结构优化具有不可忽视的作用。围绕上述问题，我们不禁要问，中间品进口对企业出口产品质量的影响到底是怎样的？具体作用机制如何？上述问题的回答，对于客观评估中国进出口战略的经济绩效和出口产品的质量升级具有重要的现实意义。然而，迄今为止，鲜有研究工作通过运用企业数据来系统地探讨中间品进口对中国制造业企业出口产品质量的微观影响，本章力图填补这项空白。本章使用中国工业企业数据库和海关数据库的匹配数据，着力于考察中间品进口对中国企业出口产品质量的影响。

---

① 作者根据样本数据整理计算得到。

4.2　文献综述

企业产品质量的异质性，已经成为国际贸易研究的前沿问题。当前，国内外已有大量学者就产品质量与国际贸易问题进行了深入研究，并且大量研究表明，高收入国家和地区生产并出口的产品质量往往高于低收入国家和地区（Schott，2004；Hummels，Klenow，2005；Hallak，2006）。尽管已有研究有助于增强我们对出口产品质量升级影响因素方面的认识，但均没有考虑微观企业是怎样实现产品质量升级的。

本章的研究是建立在一系列研究的基础之上的。

第一，关于产品质量与出口贸易问题的相关研究。弗朗和赫尔普曼（Flam，Helpman，1987）是产品质量与国际贸易问题理论研究方面的典型代表。此后，格罗斯曼和赫尔普曼（Grossman，Helpman，1991）、胡梅尔斯和克莱诺（Hummels，Klenow，2005）分别从理论角度和实证角度考察了产品质量对贸易和经济增长的影响。菲尔霍根（Verhoogen，2008）基于墨西哥制造业企业层面的数据，分析了产品质量、国际贸易与工资的关系，研究发现，汇率波动引致的产品质量升级增加了行业内的工资不平等。巴斯托斯和席尔瓦（Bastos，Silva，2010）首次使用葡萄牙企业层面的数据分析了出口质量、企业生产率和出口属性之间的关系，发现高技术企业倾向于出口高质量产品。马克等（Mark et al.，2012）利用中国纺织业海关数据和工业数据库的匹配数据，研究了产品质量和生产效率对企业贸易行为影响的相对重要性。马诺娃和张（Manova，Zhang，2013）用进口中间产品的价格作为中间投入的质量衡量指标，使用中国 2003 ~ 2005 年的海关数据，考察了多产品企业生产选择和产品质量的关系。

在国内方面，李坤望等（2012）从发展趋势、产品分布、跨国比较三个维度分析了中国出口产品质量，发现中国出口产品大多处于低质量阶段，而且"入世"后呈恶化趋势。施炳展（2013）利用 2000 ~ 2006 年海关细分贸易数据，采用事后反推的方法，系统测算了中国企业出口产品质量，发现本土企业的产品质量升级效应、出口稳定性、持续时间、广度均劣于外资企业，提升产品质量应成为中国本土企业出口的更高追求。

第二，关于中间品进口与企业生产率和出口方面的相关研究。卡萨哈拉和罗德里格（Kasahara，Rodrigue，2008）利用智利制造业的数据考察了进口贸易与生产率的关系，发现企业的中间品进口行为显著提高了全要素生产率。钱学锋等（2011）使用中国数据的研究认为，更多种类的中间投入品有利于促进企业全要素生产率的提高。张翊等（2015）构建了一个中间品进口通过数量、种类和价格效应影响全要素生产率的理论模型，并使用中国制造业行业数据对中间品进口影响中国全要素生产率的机理进行了检验，发现中国中间品进口的数量和种类效应并不显著，并且价格效应的影响受到行业出口依存度的制约。进一步地，张杰等（2015）使用中国企业层面的微观数据考察了中间品进口对企业生产率的影响，发现中间品进口规模与企业生产率之间具有显著的正相关关系。哈尔彭等（Halpern et al.，2015）基于匈牙利企业层面的数据考察了中间品进口对企业生产率的影响，发现匈牙利在1993～2002年企业生产率增长的1/4可以归因于中间品进口的作用。

第三，部分学者还考察了中间品进口对企业出口的影响。其中，冯等（Feng et al.，2012）使用中国2002～2006年微观企业数据的研究表明，中间产品进口量的提高和种类的增加促进了企业出口额的增长和出口产品范围的扩大，并且上述效应受到中间品进口来源国经济发展水平和行业研发密集度的影响。巴斯和斯特劳斯－卡恩（Bas，Strauss-Kahn，2014）使用法国数据的经验研究认为，中间品进口及其种类的扩大能够促进企业出口扩展边际的提高。张杰等（2014a）进一步比较了中间品进口和资本品进口引致出口贸易的力度，发现前者的作用远大于后者，此外，他们还深入分析了进口引致出口机制的内在机理，将其概括为，进口生产率提升—自我选择效应—出口。此外，田巍和余淼杰（2013）对中国的研究以及图尔科和马焦尼（Turco，Maggioni，2013）对意大利企业的研究也得到了类似的结论。

第四，是贸易自由化和企业出口产品质量的相关研究。埃米蒂和科林斯（Amiti，Konings，2007）对印度尼西亚的研究发现，中间品关税的降低，也就是中间品进口自由化显著促进了印度尼西亚企业生产率的提高，进而对企业出口产品升级具有积极影响。阿里斯泰伊等（Aristei et al.，2013）使用 2002～2008 年 27 个东欧国家和中亚国家的 1085 个企业样本进行分析，发现贸易自由化引致的进口增加通过企业生产率提升效应和企业产品创新效应促进了企业参与国际市场的出口行为和出口产品质量的提升。埃米蒂和坎德维尔（Amiti，Khandelwal，2013）从贸易自由化的视角出发，使用美国与 56 个国家（地区）近 10000 种产品的贸易数据，首次考察了进口关税对产品质量升级的影响。他们发现，进口关税对产品质量的影响取决于产品离世界质量前沿之间的距离，并且进口关税降低或者进口竞争增强有利于高质量产品（离世界质量前沿距离近的产品）的质量升级，而不利于低质量产品的质量提高。

第五，范等（Fan et al.，2014）使用中国微观企业层面的数据进行分析，发现贸易自由化引致的进口关税下降促进了中国出口企业的产品质量升级。巴斯和斯特劳斯－卡恩（Bas，Strauss-Kahn，2015）使用企业出口产品的单位价格代理出口产品质量，进一步考察了贸易自由化对企业中间品进口和出口产品价格的影响，证实了中间品进口自由化对企业出口产品升级的积极影响。汪建新等（2015）基于国际生产分割的视角考察了中间投入品进口对企业出口产品质量的非线性影响，研究发现国际生产分割比例与中国企业出口产品质量的提升之间存在倒"U"形关系。也就是说，中国单纯地进口国外高技术含量的中间品对中国出口产品质量的提升存在一个"拐点"，因此，提高企业的自主创新能力是促进中国出口质量升级的关键。

通过对已有文献的梳理和总结，我们将中间品进口对企业出口产品质量的可能影响机制概括为以下三个方面：

首先，中间产品质量效应。企业进口的中间产品是国外企业的研发投入和高技术水平的体现（Blalock，2007），其往往代表着更高的质量水平，而更高的中间产品质量水平能够促进企业出口产品质量的提升（Bas，Vanessa，2015）。尤其是对于发展中国家来说，企业对高质量中间产品的需求难以在国内得到满足，而进口较高质量的中间产品便是其获得出口质量升级的重要途径（Ethier，1982；张杰等，2015；席艳乐，胡强，2015）。

其次，产品种类效应。进口的中间产品和国内中间产品之间的不完全替代性,增加了企业可以使用和选择的中间产品种类,从而会降低企业进口中间品的价格和成本,戈德堡等(Goldberg et al.,2010)研究发现,进口新类型的中间产品会使企业进口中间品的价格指数下降4.7%。显然,企业进口中间品的种类越多,其成本支付越低,因此,有更充足的资金进行企业产品质量升级方面的投入(李秀芳,施炳展,2016)。概括来讲,通过进口种类繁多的中间品,企业可以实现国内外两个市场和两种资源的最优配置和互补,最终有利于提高企业的出口产品质量(张杰等,2015)。

最后,技术溢出效应。中间品进口引致的国际技术溢出是提高企业技术水平的一条重要途径(Grossman,Helpman,1991;Eaton,Kortum,2002)。国内厂商将进口的中间品用于本国的生产过程,一方面,利用外国中间品中包含的专业技术知识和相应的研发成果来提高出口产品质量;另一方面,由于创新知识具有非竞争性的特点,一个企业在产品设计和生产流程上的创新会被其他国家的企业竞相模仿,而通过进口更高技术水平的中间产品来进行模仿和创新,则是使企业获得技术外溢正外部性的重要途径(Shepherd,Stone,2012;田巍,余淼杰,2014)。凯勒(Keller,2002)在其研究中指出,由于中间品中包含了大量的研发成果,因此,先进的中间品贸易是技术转移的重要方式。有学者在研究关税与技术转移的关系时发现,若南方国家对中间品进口进行补贴,会产生技术转移,即中间品进口是向南方国家技术转移的重要渠道,并且,随着国际分工的日益加深及中间品贸易的增长,由中间品贸易引起的技术扩散将会增加(Horiuchi,Ishikawa,2009)。

总体来看,上述文献或者考察了中间品进口对企业出口行为的影响,或者分析了贸易自由化对国家、地区或行业出口质量的影响,并且相关研究大多建立在关税水平与企业出口产品创新关系的基础上,因此,只验证了中间品进口与企业出口产品质量的间接关联。另外,他们均没有考虑地区制度环境因素在中间品进口影响企业出口产品质量中的作用,从而导致我们对上述问题的认识是有限的。

比这些文献更进一步,本章尝试利用2000~2007年工业企业微观数据和高度细化的海关贸易数据,全面系统地考察了中间品进口对中国制造业企业出口产品质量的影响,并揭示了中间产品质量效应、产品种类效应与技术溢出效应是中间品进口提高企业出口产品质量的三条可能的渠道。但是，中间品进口对企业出口产品质量的积极影响因中间品进口来源国、进口中间品的质量、企业生产率水平、融资约束、所有制和贸易方式的不同而具有显著的异质性。此外，我们在研究中还特别强调了地区制度环境的重要性，发现在制度越完善的地区，中间品进口对企业出口产品质量的提升作用就越大。最后，本章的研究视角由微观企业层面转入中观行业层面，行业出口质量的动态分解结果显示，集约边际对行业出口质量的提高发挥了主要作用，扩展边际的作用有限，而资源再配置效应对行业出口质量提高的贡献高达 58%，这进一步验证了资源再配置效应是中间品进口促进行业出口质量提高的重要渠道。

本章可能的贡献主要体现在以下几个方面：

第一，在研究样本上，已有的关于中间品进口与出口质量之间关系的研究基本上使用宏观加总数据，并且对中间品进口和出口产品质量指标的测算也停留在行业层面上，因此，忽略了不同企业在中间品进口和出口产品质量方面的异质性。与此不同的是，本章在考虑价格内生性等问题的基础上测算了中国企业层面的出口产品质量指标，从而更为准确和直接地考察中间品进口对企业出口产品质量的影响，在一定程度上解决了"加总性偏差"问题。

第二，考虑到在现实中进口的中间品自身及进口企业均存在异质性，本章进一步深入研究了进口中间品自身的异质性（包括进口来源国和中间品质量）及中间品进口企业层面的异质性（包括生产率、融资约束、所有制和贸易方式四个方面）对企业出口产品质量的差异性影响。因此，本章较相关文献有所突破。

第三，既有的研究中间品进口与企业出口质量的文献大都忽略了制度环境的作用，本章则基于中国各地区制度环境存在显著差异这一事实，进一步考察了地区制度环境在中间品进口与中国企业出口产品质量中的作用，从而丰富和拓展了这类文献的研究视角。

第四，基于格里利兹和雷格夫（Griliches, Regev, 1995）的方法，本章还对行业出口质量进行了动态分解，并从资源再配置的角度进一步考察了中间品进口与行业出口质量变动之间的关系，从而丰富了本章的研究结论。

4.3 模型设定、变量及数据说明

4.3.1 计量模型

首先，为了考察中间品进口与企业出口产品质量之间的关系，我们在既有理论和实证研究文献的基础上（Feng et al.，2012；Bas，Strauss-Kahn，2015），构建以下回归模型：

$$Qua_{it} = \alpha_0 + \alpha_1 \ln Input_{it} + \alpha_2 X_{it} + v_i + v_t + \varepsilon_{it} \tag{4-1}$$

在式（4-1）中，下标 i、t 分别表示企业和年份。Qua_{it} 表示企业产品质量，Input 为企业层面的中间品进口额，v_i 和 v_t 分别表示企业和年份特定效应，ε_{it} 表示随机扰动项。控制变量 X_{it} 具体包括，企业生产率 tfp、企业规模 scale、平均工资 wage、企业利润率 profit、融资约束 finance、政府补贴 subsidy、企业层面的人民币实际有效汇率 reer、企业类型的虚拟变量 foreign（foreign = 1 表示外资企业，否则为内资企业）以及加工贸易企业的虚拟变量 proce（proce = 1 表示加工贸易企业，否则为其他企业）。

4.3.2 内生性问题的处理

考虑到直接使用 OLS 方法估计中间品进口对企业出口产品质量的影响可能会存在内生性问题，而严重的内生性会使得模型估计的结果出现不一致。异质性企业贸易理论的经验研究文献指出，企业的进口决策在很大程度上受到企业自身生产率的影响，而出口产品质量的重要体现便是其生产率水平。也就是说，企业出口产品质量会反作用于中间品进口，这种计量上的反向因果关系会产生内生性问题。基于此，本章使用工具变量来解决这一内生性问题。借鉴冯等（Feng et al.，2012）的方法，我们使用企业层面的中间品进口关税作为企业中间品进口的工具变量进行 2SLS 回归。工具变量的指标构造如下：

$$\tau_{it}^{input} = \sum_{p \in \Omega_{it}} \alpha_{ip} \times \tau_{pt} = \sum_{p \in \Omega_{it}} \left(\frac{m_{ip,aver}}{\sum_{p \in \Omega_{it}} m_{ip,aver}} \right) \times \tau_{pt} \tag{4-2}$$

在式（4-2）中，下标 i 表示企业，p 表示 HS6 位码产品，t 表示年份；Ω_{it} 表示企业 i 在第 t 年进口的产品集合；τ_{pt} 表示产品 p 在第 t 年的进口关税率；权重 $\alpha_{ip} = \dfrac{m_{ip,aver}}{\sum_{p \in \Omega_{it}} m_{ip,aver}}$，与冯等（Feng et al., 2012）的做法类似，$\alpha_{ip,aver}$ 为固定权重，由样本期内产品 p 的进口占企业 i 中间品总进口的平均比重来表示。使用固定权重的好处在于，可以避免因贸易权重和中间品进口关税之间的相互关系而导致的内生性问题，其中，$m_{ip,aver}$ 表示企业 i 在样本期内对产品 p 的平均进口额。这里所用的产品关税数据，主要来自 WTO 的关税下载工具（tariff download facility）数据库以及世界银行的世界综合贸易方案（world integrated trade solution, WITS）数据库。

4.3.3　其他指标测度

4.3.3.1　企业产品质量测算

本小节采用阿拉和肖特（Hallak, Schott, 2011）以及王永进和施炳展（2014）的事后推理方法来计算企业的出口产品质量。具体地，我们将第 j 种产品对应的消费数量表示为：

$$q_j = p_j^{-\sigma} \lambda_j^{\sigma-1} \frac{E}{P} \tag{4-3}$$

在式（4-3）中，E、P、j、p、λ、q 分别表示消费者支出、价格指数、产品种类、产品价格、产品质量以及产品数量，$\sigma > 1$ 表示产品种类间的替代弹性。考虑到我们的数据呈现为年份—企业—出口国—产品四个维度，对于海关八分位编码下的某种产品 j 而言，企业 i 在 t 年对 m 国的出口数量可表示为式（4-4）的形式：

$$q_{imt} = p_{imt}^{-\sigma} \lambda_{imt}^{\sigma-1} \frac{E_{mt}}{P_{mt}} \tag{4-4}$$

对式（4-4）两边取自然对数，进行简单整理后可以得到：$\ln q_{imt} = \chi_{mt} - \sigma \ln p_{imt} + \varepsilon_{imt}$，其中，$\chi_{mt}$ 为进口国—年份二维虚拟变量，可以控制仅随进口国变化的变量（如地理距离），仅随时间变化的变量（如汇率制度变量），以及同时随时间和进口国变化的变量（如进口国的国内生产总值等）（施炳展，2013）。$\ln p_{imt}$ 为企业出口产品的价格，$\varepsilon_{imt} = (\sigma-1) \ln \lambda_{imt}$

为包含产品质量信息的残差项。

如果直接对式（4-4）进行 OLS 回归，可能会存在以下问题：其一，该式仅考虑了价格和产品质量对产品需求量的影响，但忽视了产品的多样化特征，即水平产品种类。其二，由于产品质量与产品价格之间的双向因果关系，导致该式可能存在内生性问题。对第一个问题而言，考虑到企业产品种类是市场规模的函数，我们借鉴坎德维尔（Khandelwal, 2010）的思路，通过加入出口企业所在省区市的国内生产总值来控制企业的水平产品种类。针对第二个问题，我们按照内沃（Nevo, 2001）以及王永进和施炳展（2014）的做法，将企业 i 对 m 国之外的其他市场出口产品的平均价格作为该企业在 m 市场出口价格的工具变量。

在考虑上述问题的基础上，通过回归我们可以得到产品质量的具体表达式：$quality_{imt} = \ln \hat{\lambda}_{imt} = \hat{\varepsilon}_{imt} / (\sigma - 1) = (\ln q_{imt} - \ln \hat{q}_{imt}) / (\sigma - 1)$。由此，我们可以得到企业—市场—年度—产品（HS8 位码产品）层面的质量数据。进一步，为了便于比较，我们将上式进行了标准化处理，得到标准化质量指标 $Quality_{imt}$：$r - quality_{imt} = (quality_{imt} - minquality_{imt}) / (maxquality_{imt} - minquality_{imt})$，其中，min、max 分别表示针对某一 HS8 位码产品，在所有年度、所有企业、所有进出口国层面求出最小值和最大值。最终，我们将企业层面的出口质量指标定义为：$Qua_{it} = (v_{imt} / \sum_{imt \in \Omega} v_{imt}) \times r - quality_{imt}$。其中，$\Omega$ 代表某一层面的样本集合，v_{imt} 代表样本的价值量（value）。

4.3.3.2 企业生产效率（tfp）

本章采用扩展的奥莱和帕克斯（Olley, Pakes, 1996）方法（下文称 OP 法）进行测算。OP 法的主要特点是使用投资作为企业受到生产率冲击时的调整变量，因此，估算企业的投资是使用该方法的重要环节。借鉴毛其淋和盛斌（2013）的做法，我们采用永续盘存法进行估算：$I_{it} = K_{it} - (1 - \sigma) K_{it-1}$，其中，$I_{it}$ 和 K_{it} 分别为企业 i 在 t 年的投资和资本存量，折旧率 σ 使用埃米蒂和科林斯（Amiti, Konings, 2007）以及毛其淋和盛斌（2013）使用的 15%。

4.3.3.3 人民币实际有效汇率指标的测度

胡晓炼（2010）等认为，人民币实际汇率升值和持续的汇率形成机制改革可以促使企业加大产品升级换代和创新力度，提升核心竞争力，有利于中国出口产品质量升级和外贸发展方式转变。本章预期该变量的符号为正。具体的，本章借鉴巴格斯等（Baggs et al.，2009）的方法进行计算：

$$reer_{it} = \sum_{m=1}^{n} \left(X_{im} \Big/ \sum_{m=1}^{n} X_{im} \right) \times rer_{mt} \qquad (4-5)$$

在式（4-5）中，$\left(X_{im} \Big/ \sum_{m=1}^{n} X_{im} \right)$表示，企业 i 在 t 期与国家 m 的贸易额占其当期总贸易额的比例。rer_{mt}表示以 1999 年为基期的实际有效汇率：$rer_{mt} = \left(rer0_{mt} \big/ rer_{m99} \right) \times 100$，$rer0_{mt}$表示国家 m 在 t 期的实际有效汇率，$rer_{m99}$表示国家 m 在基期也就是 1999 年的实际有效汇率。最终，本章得到的基期的 reer 的值为 100，如果 reer 的值上升，表示人民币实际有效汇率升值；反之，则表示人民币实际有效汇率贬值。

4.3.3.4　本章对其他控制变量的设定和说明如下

（1）企业规模（size）。一般而言，企业规模往往与其物质资本、人力资本及市场竞争力正相关，从而规模相对大的企业更有能力生产并出口高质量产品。本章采用企业销售额取对数来衡量企业规模，预期该项系数为正。

（2）平均工资水平（wage）。根据新新贸易理论，只有劳动生产率比较高、盈利性比较好的企业才会选择出口，并且有能力生产高质量产品，这些企业支付的工资往往比产品只供国内消费的企业要高。这一理论说明，工资与出口企业的产品质量之间可能会存在一定的正向关系。本章在回归方程中加入平均工资变量，以考察平均工资对企业出口产品质量的影响。本章使用 1999 年为基期的居民消费价格指数对名义量进行平减。

（3）企业利润率（profit）。由于企业进行出口，生产并出口高质量产品往往需要投入大量的资金和相关要素，因此，企业利润率也是企业出口产品质量的影响因素之一，我们预期该变量的符号为正。本章采用企业净利润与企业销售额的比值来衡量企业利润率，其中，企业净利润使用"利润总额与补贴收入的差额"来表示。

（4）融资约束（finance）。进入出口市场的沉没成本、信息搜集成本、销售网络建立成本等都要求企业有较好的财务状况或融资能力。贝洛内等（Bellone et al.，2009）利用法国企业数据证实了企业的外部融资状况是影响企业出口绩效的关键因素，只有财务状况比较好的企业才能够进入出口市场并扩大出口高质量产品。本章使用利息支出与固定资产的比值来衡量融资约束，如果该值越大则表明企业面临的融资约束程度越小，预期该变量的符号为正。

（5）政府补贴（subsidy）。我们引入政府补贴变量来控制政府的产业扶持力度和干预程度对企业出口产品质量的影响。本章用补贴收入与企业销售额的比值取对数表示政府补贴力度。

（6）本章加入所有制变量，主要是为了考察不同类型企业出口产品质量的差异性。对于外商资本占比重较大的企业，多为出口导向型企业，且其出口贸易方式也多为加工贸易，施炳展（2013）的研究发现，与内资企业相比，外资企业的出口产品质量高于内资企业。具体的，我们引入企业类型虚拟变量（foreign），当企业为外资企业时将其赋值为1，否则为0。

4.3.4　数据说明

本章实证分析中使用的是 2000～2007 年中国海关数据库和工业企业数据库的匹配数据，其中，海关数据来自中国海关总署，企业层面数据来自国家统计局的工业企业统计数据库。我们参照余（Yu，2015）、厄普瓦尔德等（Upward et al.，2013）的方法，对两套数据进行了匹配，并且对于匹配成功的样本，我们进行了以下处理：（1）删除雇员人数小于 8 人的企业样本；（2）删除企业代码不能一一对应、贸易额为零值或负值的样本；（3）删除工业增加值、中间投入额、固定资产净值年平均余额以及固定资产中任何一项存在零值或负值的企业样本；（4）删除企业销售额、平均工资存在零值或负值的企业样本；（5）删除企业年龄小于零的企业样本；（6）贸易中间商可能存在价格调整，出口产品价格和数量信息并不能真实地反映生产企业的产品质量信息，因此，剔除掉贸易中间商样本，即企业名称中带有"贸易""进出口""物流""工贸""经贸"的企业样本（Amiti et al.，2012）；（7）由于农产品、资源品的质量主要源自资源禀赋，不能准确地体现质量内涵，因此，剔除农产品样本和资源品样本；（8）为了保证回归的可信度和数据可信度，剔除总体样本量小于 100 的产品；（9）在剔除样本中以中国为出口目的地和以中国为进口来源地的样本（Feng et al.，2012）。

本章的一个关键的研究工作之一，是对中间产品进口信息的识别，具体的，我们使用联合国 BEC（broad economic catalogue）① 的分类法来识别企业的进口中间产品（Arkolakis et al.，2008；Feng et al.，2012），其中，BEC 代码为"111""121""21""22""31""322""42""53"等八类是本章要研究的中间品，我们通过将 BEC 码和 HS6 编码进行对应，来识别出每个企业从不同来源国进口的中间产品。② 据此，我们可以得到每个企业历年的中间品进口额和中间品进口种类。其中，每个 HS6 商品与进口国的组合就代表一种中间品进口，也就是相关文献中所定义的中间品进口多样化指标。

通过上述处理，我们最终获得 2000～2007 年 76 686 家企业出口的 3 396 种产品的数据。在数据整理的基础上，这些样本占总体出口量的 49.2%，占制造业总体出口量的 66%，具有较强的代表性。

4.3.5　特征化事实

从表 4-1 可知，在样本期内，从来没有中间品进口行为的企业占 18%，有中间品进口行为的企业占比为 82%。有中间品进口行为的企业在出口产品质量、出口产品种类、出口额、生产率、企业规模、平均工资、企业利润率等指标方面比其他企业高，这与巴斯等（Bas et al.，2014）的研究结论较为吻合。与其他企业相比，进口中间品的企业能够获得比其他企业更多种类和数量的中间品，这些进口投入品可能质量更高、种类更多，能替代本国的投入品，并通过进口中间品的中间产品质量效应、产品种类效应与技术溢出效应，促进企业更多地参与出口并提高出口产品

---

① 需要说明的是，在本章的样本期内，海关数据库使用了不同版本的产品代码，其中，2000～2001 年为 HS1996 版本，2002～2006 年为 HS2002 版本，2007 年为 HS2007 版本。我们先利用 WTO 关税数据库中提供的对应表将不同版本的 HS6 位产品代码统一为 HS2002 版本，然后，进一步利用 2002 年的 BEC-HS 对应表来识别进口中间品。其中，2002 年的 BEC-HS 对应表来自联合国网站 . http：//unstats. un. org/unsd/cr/registry/regdnld. asp？Lg = 1，BEC 分类标准具体参见联合国网站 . http：//unstats. un. org/unsd/cr/registry/regcst. asp？C1 = 10&Lg = 1。

② 由于 HS6 位码中间品进口数据所基于的协调编码版本不一致，我们将产品编码的统计口径统一为 HS2002 版本。

的质量。

表4-1 不同企业主要变量的比较

变量	没有中间品进口的企业	有中间品进口的企业	标准偏差（%）	t 统计量
企业所占比例	18%	82%		
出口产品质量	0.69	0.83	12.57	3.77
出口产品种类	6.83	13.56	25.72	4.57
出口额	163 575	3 026 783	36.16	4.58
生产率	8.54	8.68	3.48	8.21
企业规模	9.03	10.34	42.47	12.07
平均工资	8.39	9.73	39.28	6.33
企业利润率	0.56	1.12	40.29	3.16
融资约束	0.65	1.10	36.46	3.27
政府补贴	0.01	0.03	15.16	2.47

　　另外，我们将总体样本划分为有中间品进口的企业和从来没有中间品进口的企业。然后，将二者的出口产品质量年度均值绘制在图4-1中。从中可以看出，在样本期内，两种类型企业的出口产品质量整体上均保持了逐步上升的趋势，但是，有中间品进口的企业的出口产品质量一直高于没有中间品进口的企业。那么，中间品进口是否为导致上述差异的根本原因，我们还需要进一步计量检验。

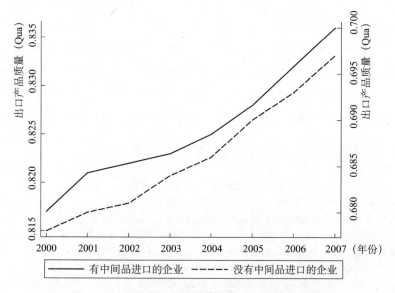

图4-1 企业出口产品质量年度均值的变化趋势

4.4 实证估计结果及分析

4.4.1 基准估计结果及分析

表4-2显示了使用跨度为2000~2007年的非平衡面板数据所得的回归结果。在第（1）列中，我们使用普通 OLS 法进行估计，结果显示中间品进口对企业出口质量提升具有积极影响。在第（2）列中，我们使用企业层面的中间品进口关税作为企业中间品进口的工具变量进行 2SLS 回归。回归结果表明，中间品进口的回归系数依然显著为正，说明中间品进口有利于企业出口产品质量提升。但是，与第（1）列的估计系数绝对值相比有所提高，即中间品进口的内生性使得最小二乘法估计产生向下偏移，从而倾向于低估中间品进口对出口产品质量的作用。

表4-2 基准估计结果

变量	（1）	（2）	（3）
lnInput	0. 0519***	0. 0821***	0. 0683***
	(3. 825)	(5. 216)	(5. 752)
mequa × lnInput			0. 0492***
			(5. 281)
num × lnInput			0. 0066***
			(4. 290)
spill × lnInput			0. 0293***
			(3. 162)
tfp	0. 2110	0. 2235***	0. 2131***
	(1. 386)	(4. 573)	(4. 093)
size	0. 0076***	0. 0125***	0. 0060***
	(9. 405)	(3. 732)	(5. 527)
wage	0. 0021***	0. 0260***	0. 0035***
	(3. 538)	(5. 732)	(3. 782)
profit	0. 0087**	0. 0100	0. 0105**
	(2. 113)	(1. 125)	(2. 413)
finance	0. 0040***	0. 0076***	0. 0045***
	(4. 526)	(4. 943)	(2. 967)

续表

变量	(1)	(2)	(3)
subsidy	0.0378* (1.869)	0.0320* (1.883)	0.0401** (2.039)
reer	0.0120*** (3.302)	0.0164 (1.427)	0.0137*** (3.672)
foreign	0.0349*** (4.563)	0.0117*** (4.937)	0.0362*** (3.578)
proce	0.0202** (2.174)	0.0315*** (5.723)	0.0263*** (4.456)
常数项	1.7532*** (9.743)	1.3048*** (7.309)	1.5056*** (5.652)
τ_{it}^{input} （第一阶段的工具变量）		−0.0235*** (−3.943)	−0.0311*** (−3.579)
K-P rk LM 统计量		174.3 [0.000]	185.6 [0.000]
K-P Wald rk F 统计量		56.5 [0.000]	69.8 [0.000]
企业效应	Yes	Yes	Yes
年份效应	Yes	Yes	Yes
观测值	2361269	2361269	2361269
R^2	0.246	0.137	0.192

注：括号内数值为纠正了异方差后的 t 统计量；***、** 和 * 分别表示 1%、5% 和 10% 的显著性水平，方括号内数值为相应统计量的 p 值；K-P 为 Kleibergen-Paap。

　　另外，我们还通过多种统计量来检验中间品进口关税作为工具变量的合理性：首先，我们采用 LM 统计量来检验未被包括的工具变量是否与内生变量相关，结果在 1% 的显著性水平上拒绝了"工具变量识别不足"的原假设。其次，Wald rk F 统计量也显著拒绝了工具变量是弱识别的假定。最后，在第一阶段回归中，所选工具变量的 t 值非常显著，很好地支持了工具变量的有效性。由此可以判断，本章选取的工具变量具有一定的合理性。

　　为了进一步检验中间品进口对企业出口产品质量的影响渠道，我们按照式（4-1）将中间品进口指标区分为以下三项：中间产品质量（mequa）、进口的中间品种类（num）与中间品进口（lnInput）的交互项，以及中间品技术溢出（spill）与中间品进口（lnInput）的交互项，以此分别考察中间品进口是否通过中间产品质量效应、产品种类效应和技术溢出效应对企业出口产品质量产生影响。[①] 其中，关于企业层面中间品进口技术溢出指标（spill），受利希滕贝格和博泰里（Lichtenberg，Potterie，1996）以及楚明钦和丁平（2013）的启发，我们采用式（4－6）进行测算：

$$spill_{it} = \sum_m \frac{IM_{imt}}{GDP_{mt}} \times S_{mt}^d \qquad (4-6)$$

在式（4－6）中，$spill_{it}$ 表示企业 i 在 t 年通过中间品进口获得的研发溢出存量，IM_{imt} 表示企业 i 在 t 年从 m 国进口的中间品总值，GDP_{mt} 为 m 国在 t 年的国内生产总值，S_{mt}^d 为 m 国第 t 年的国内研发存量，使用永续盘存法 $S_{mt}^d = (1-\delta) S_{mt-1}^d + RD_{mt}$ 进行计算。其中，δ 为研发资本折旧率，采用莫里斯等（Maurice et al.，2002）的做法设定为 5%，RD_{mt} 为 m 国第 t 年当年的研发支出。各国或地区国内生产总值、研发投入支出等数据来自联合国贸易数据库（UNCOMTRDE）和世界银行数据库等网站。

表 4－2 的第（4）列结果显示，三个交互项 mequa × lnInput、num × lnInput 和 spill × lnInput 的回归系数均显著为正，这表明中间品进口通过中间产品质量效应、产品种类效应和技术溢出效应显著地提高了企业的出口产品质量（Grossman，Helpman，1991）。此外，从控制变量的估计结果可以看出，全要素生产率（tfp）、企业规模（size）、企业年龄（age）、企业利润率（profit）的估计系数为正并大多在 1% 水平上显著，表明生产效率越高、经营绩效越好的企业其出口产品质量往往越高，这与通常的预期是相符的。

4.4.2　异质性分析

前文将不同特征的企业和进口品样本混合在一起考察了中间品进口

---

① 我们还使用中介效应模型考察了中间品进口是否通过中间产品质量效应（测算方法与出口产品质量的测算方法相同）、产品种类效应和技术溢出效应对企业出口产品质量产生影响，结果与我们目前使用简单交互项的结论较为一致，这表明本章关于作用机制的检验具有稳健性。考虑到机制分析并不是本章考察的重点，这里仅给出了使用简单交互项的机制检验结果。当然，关于作用机制的系统分析，是我们将来进一步研究的方向。

对企业出口产品质量影响的平均效应，并未对不同特征企业的影响以及不同特征中间品的影响加以区别。然而，由于企业在生产率、贸易方式等方面均存在显著的异质性，进口品在来源国方面存在不同，从而中间品进口对企业出口产品质量的影响可能存在差异（Rivera-Batiz，Romer，1991；Feng et al.，2012）。比如，冯等（Feng et al.，2012）对中国的研究发现，中间品进口对企业出口的影响受到进口来源国和行业研发水平的影响，其从 OECD 国家进口比从非 OECD 国家进口对于出口的促进作用更大，在高技术行业中进口中间品更有利于企业扩大出口。并且，中间品进口对企业出口行为的积极影响在私营企业要大于外商投资企业。此外，张杰等（2014a）的研究也证实了上述结论。汪建新等（2015）用进口中间品的单位平均价格来衡量其质量和技术含量，研究认为，进口的中间投入品质量越高，其对企业出口产品质量的积极影响越显著。基于此，接下来，本章将分别从进口中间品的企业层面的异质性（包括企业生产率、融资约束、企业所有制和贸易方式四个方面）以及进口中间品自身的异质性（包括中间品进口来源国和中间品自身的质量水平）来深入考察中间品进口对中国企业出口产品质量的异质性影响。

下面，我们来分析企业层面的异质性。我们借鉴比斯托（Bustos，2011）的方法来分别考察中间品进口对不同生产率、融资约束、所有制和贸易方式的企业出口产品质量的异质性影响。

4.4.2.1　企业生产率的异质性

表 4-3 的第（1）列考察了中间品进口对不同生产率企业出口产品质量的影响，其中，分别使用中间品进口关税、中间品进口关税与企业生产率特征变量的四个交叉项，作为中间品进口、中间品进口与企业生产率特征变量的交叉项的工具变量。2SLS 估计结果显示，中间品进口与企业生产率第 1 分位数虚拟变量的交叉项（$lnInput \times tfp\_q1$）的估计系数在第（1）列中为正，但并不显著。这说明对于最低生产率的企业而言，中间品进口并不能影响其出口产品质量。对于生产率较低的企业来说，由于其往往是初级产品或者劳动密集型产品的生产者，出于降低自身生产成本的考虑，其往往进口数量有限的中间产品，并且进口的中间产品本身技术含量较低，对中间品内涵技术的吸收能力较为有限，从

而中间品进口对其出口产品质量的影响几乎为零；中间品进口与企业生产率第 2 分位数及第 3 分位数虚拟变量的交叉项（即 lnInput × tfp_ q2 和 lnInput × tfp_ q3）的估计系数均为正，并分别通过了 10% 和 5% 水平的显著性检验，意味着中间品进口对中等生产率企业的出口产品质量有较为微弱的促进作用。中间品进口与企业生产率第 4 分位数虚拟变量的交叉项（lnInput × tfp_ q4）的估计系数为正，且通过了 1% 的显著性检验，这说明对于最高生产率的企业而言，通过进口种类繁多的中间品，企业能够实现国内外两个市场和两种资源的最优配置和互补，最终可以提高出口企业的劳动生产率和出口产品质量，并且生产率越高，中间品进口对出口产品质量的正面效应越大。

表 4 – 3　　中间品进口对企业出口产品质量异质性影响的估计结果

变量	生产率异质性	融资约束异质性
	（1）	（2）
lnInput	0.0830*** （3.273）	0.0815*** （3.042）
lnInput × C_ q1	0.0036 （1.046）	− 0.0011** （− 2.052）
lnInput × C_ q2	0.0051* （1.803）	0.0035* （1.764）
lnInput × C_ q3	0.0103** （2.100）	0.0076*** （5.732）
lnInput × C_ q4	0.0130*** （5.835）	0.0101*** （6.832）
tfp		0.3205** （2.125）
size	0.0147*** （9.373）	0.0190*** （4.736）
wage	0.0168*** （3.732）	0.0152*** （3.053）
profit	0.0090*** （5.389）	0.0107** （2.148）
finance	0.0058* （1.835）	
subsidy	0.0139* （1.804）	0.0145* （1.912）
reer	0.0278*** （5.832）	0.0302*** （5.831）

续表

变量	生产率异质性 （1）	融资约束异质性 （2）
foreign	0.0114** (2.016)	0.0170** (2.169)
style	0.0682*** (5.834)	0.0620*** (6.142)
常数项	1.0469*** (3.438)	0.9673*** (4.879)
K-P rk LM 统计量	180.6 [0.000]	197.8 [0.000]
K-P Wald rk F 统计量	46.1 [0.000]	53.4 [0.000]
企业效应	Yes	Yes
年份效应	Yes	Yes
观测值	2361269	2361269
R^2	0.305	0.299
第一阶段回归		
τ_{it}^{input}	−0.0258*** (−3.327)	−0.0280*** (−3.491)
$\tau_{it}^{input} \times C\_q1$	−0.0212*** (−5.362)	−0.0126*** (−4.893)
$\tau_{it}^{input} \times C\_q2$	−0.0157*** (−4.326)	−0.0165*** (−4.632)
$\tau_{it}^{input} \times C\_q3$	−0.0177*** (−9.568)	−0.0327** (−2.106)
$\tau_{it}^{input} \times C\_q4$	−0.0158** (−2.063)	−0.0282*** (−5.483)

注：括号内数值为纠正了异方差后的 t 统计量；***、** 和 * 分别表示1%、5%和10%的显著性水平，方括号数值为相应统计量的 p 值；K-P 为 Kleibergen-Paap。其中，C 为企业异质性特征变量，包括企业生产率 tfp、融资约束 finance；qr = 1，2，3，4，表示企业特征按照从小到大排序的4分位数（我们以企业特征变量的样本平均值为基础，将企业划分为四个等份），相应地，C_qr 表示企业特征虚拟变量，当企业 i 的 C 特征变量属于第 qr 分位数时取值为1，否则为0。第一阶段回归报告了 lnInput、lnInput×C_q1、lnInput×C_q2、lnInput×C_q3、lnInput×C_q4 分别作为被解释变量，企业中间品进口关税、中间品进口关税分别与四个企业特征虚拟变量交互项的估计系数。下同。

4.4.2.2 企业融资约束的异质性

企业融资约束在中间品进口与贸易问题研究中的作用在国内外研究中日益引起人们的关注，表4-3 的第（2）列考察了中间品进口对不同融资约束企业出口产品质量的影响。其中，分别使用中间品进口关税、中间品进口关税与企业融资约束特征变量的四个交叉项，作为中间品进口、中间品进口与企业融资约束特征变量的交叉项的工具变量。从2SLS 的估计结果可以看出，中间品进口与企业融资约束4分位数虚拟变量的交叉项大部分较为显著，说明中间品进口对不同融资约束企业的出口产品质量都有显著的影响，这与总体样本的估计结果是类似的。

具体来看，交叉项 lnInput × finance_ q1 的系数为负，表明中间品进口对较高程度融资约束的企业出口产品质量具有显著的抑制作用。lnInput × finance_ q2、lnInput × finance_ q3 以及 lnInput × finance_ q4 的估计系数符号均为正，且分别通过了 10% 和 1% 的显著性检验，并且 lnInput × finance_ q4 的系数绝对值最大，这说明中间品进口对较低程度融资约束的企业出口产品质量具有显著的促进作用，并且，对融资约束程度越低的出口企业的产品质量积极影响越大。对这一结果可能的解释是，企业的中间品进口行为和产品创新往往需要大量的资金投入，只有那些融资约束程度较低的企业才有可能从外部融资渠道获得足够的资金支持，进而通过进口种类多样的中间品来改进产品质量并提高企业的出口竞争力，而那些融资约束较大的企业往往选择从国内购进价格低廉的中间品，或者在竞争无力时选择退出出口市场。

4.4.2.3 企业所有制和贸易方式的异质性

考虑到中间品进口对不同所有制类型和不同贸易方式出口企业的产品质量会造成不同的影响，我们进一步在式（4－1）的基础上引入中间品进口项与所有制虚拟变量和贸易方式虚拟变量的交互项对上述问题进行深入分析。在所有制方面，根据样本数据我们将企业分为国有企业（state）、外资企业（foreign）和私营企业（private）三种类型，[①] 其中，外资企业包括中外合资企业和中外合作企业两种形式，以外资企业作为基础类别。在贸易方式方面，我们将样本划分为加工贸易企业（proce）、一般贸易企业和其他企业（qita）三种类型，[②] 以一般贸易企业作为基础类别。具体回归结果，见表 4－4。

[①] 样本中集体企业的样本数不足 5%，我们借鉴李宏彬等（2011）的做法，将集体企业归入国有企业。

[②] 本章借鉴唐和张（Tang，Zhang，2012）的方法，认为只要某企业有加工贸易交易（包括进料加工贸易和来料加工装配贸易），就将其定义为加工贸易企业；一般贸易企业是指，仅从事一般贸易的企业，即纯一般贸易企业，而其余的既不能纳入加工贸易也不能纳入一般贸易的企业定义为"其他企业"（具体包括保税仓库进出境货物，边境小额贸易，补偿贸易，租赁贸易等 10 种）。此外，我们还借鉴余（Yu，2015）的方法，将样本分为纯一般贸易企业、纯加工贸易企业以及混合型贸易企业三种类型，以纯一般贸易企业作为基础类别进行了稳健性检验，结果验证了中间品进口对企业出口产品质量的影响会因为从事加工贸易而得到强化。

表 4 - 4   中间品进口对企业出口产品质量的异质性影响

变量	企业类型	贸易方式	中间品进口来源国	中间品质量水平
	(1)	(2)	(3)	(4)
lnInput	0.0802***	0.0836***	0.0783***	0.0826***
	(3.273)	(3.042)	(5.435)	(4.782)
lnInput × state	−0.0023***			
	(−5.742)			
lnInput × private	−0.0036***			
	(−5.378)			
lnInput × proce		0.0022*		
		(1.870)		
lnInput × qita		−0.0011		
		(−1.429)		
lnInput × type1			0.0051***	
			(7.488)	
lnInput × type2			0.0008***	
			(5.457)	
lnInput × type3				0.0021***
				(4.852)
lnInput × type4				0.0008*
				(1.759)
tfp	0.1403***	0.1476***	0.1587***	0.1562***
	(5.432)	(6.583)	(7.478)	(6.047)
size	0.0487***	0.0252***	0.0531	0.0372***
	(7.673)	(5.304)	(0.738)	(4.583)
wage	0.0065	0.0134***	0.0163***	0.0170***
	(1.038)	(7.736)	(9.762)	(5.832)
profit	0.0302***	0.0416***	0.0372	0.0411***
	(4.265)	(8.163)	(1.432)	(3.921)
finance	0.0075***	0.0021	0.0116**	0.0158***
	(3.673)	(1.043)	(2.183)	(4.931)
subsidy	0.0678***	0.0642***	0.0738***	0.1052
	(5.346)	(6.774)	(5.854)	(0.047)
reer	0.0297***	0.0452***	0.0221***	0.0372***
	(5.437)	(5.574)	(6.528)	(6.352)
foreign		0.0059	0.0061	0.0099***
		(0.784)	(1.391)	(5.327)
style	0.0146***		0.0257***	0.0503***
	(3.505)		(3.069)	(3.780)
常数项	0.4757***	0.4919***	0.5070***	0.5056***
	(7.861)	(6.021)	(8.034)	(6.832)
K - P rk LM 统计量	171.6 [0.000]	235.7 [0.000]	211.3 [0.000]	193.8 [0.000]
K - P Wald rk F 统计量	70.9 [0.000]	66.0 [0.000]	59.2 [0.000]	86.3 [0.000]

续表

变量	企业类型	贸易方式	中间品进口来源国	中间品质量水平
	（1）	（2）	（3）	（4）
企业效应	Yes	Yes	Yes	Yes
年份效应	Yes	Yes	Yes	Yes
观测值	2361269	2361269	2361269	2361269
R^2	0.311	0.405	0.416	0.332
第一阶段回归				
τ_{it}^{input}	−0.0346*** （−3.505）	−0.0315*** （−2.983）	−0.0409*** （−5.768）	−0.0615*** （−7.392）
$\tau_{it}^{input} \times$ state	−0.0486*** （−5.462）			
$\tau_{it}^{input} \times$ private	−0.1014*** （−5.083）			
$\tau_{it}^{input} \times$ proce		−0.0104*** （−7.543）		
$\tau_{it}^{input} \times$ qita		−0.0625*** （−8.145）		
$\tau_{it}^{input} \times$ type1			−0.0399*** （−6.467）	
$\tau_{it}^{input} \times$ type2			−0.0673*** （−4.415）	
$\tau_{it}^{input} \times$ type3				−0.0471*** （−3.879）
$\tau_{it}^{input} \times$ type4				−0.0292*** （−4.628）

注：括号内数值为纠正了异方差后的 t 统计量；***、** 和 * 分别表示 1%、5% 和 10% 的显著性水平，方括号内数值为相应统计量的 p 值；K-P 为 Kleibergen-Paap。

在所有制类型方面。回归时，我们分别使用中间品进口关税、中间品进口关税与企业所有制虚拟变量的交叉项，作为中间品进口、中间品进口与企业所有制虚拟变量的交叉项的工具变量进行 2SLS 估计。从回归结果来看，中间品进口对外资企业出口产品质量的影响力度要大于私营企业和国有企业，而对私营企业的积极影响最小，这与张杰等（2014b）的结论较为吻合。

私营企业进口中间品时，虽然产品质量有所改进，但是幅度较为微弱。与私营企业不同，我国的国有企业一直受到诸如政府补贴向国有部门的集中、银行贷款的利率优势等各种政府特殊优惠政策的支持，因此，国有企业往往规模较大，拥有充足和完善的资金供应链，也更有能力进口种类繁多的中间产品并增加产品创新的力度。此外，进口中间品技术外溢的发生要求企业具有一定的技术吸收能力，而国有企业基于自身的种种优势而拥有较强的技术吸收能力。

在贸易方式方面。回归时，我们分别使用中间品进口关税、中间品进口关税与企业贸易方式虚拟变量的交叉项，作为中间品进口、中间品进口与企业贸易方式虚拟变量的交叉项的工具变量进行 2SLS 估计。回归结果表明，中间品进口对加工贸易企业出口产品质量的影响较大，并且要远大于一般贸易，即中间品进口对企业出口产品质量的影响会因为加工贸易而强化。对其可能的解释是，在中国加工贸易出口额中，外资加工贸易出口占据了较大比例（达到85%以上），而跨国公司控制的企业其进口中间品的技术含量和产品质量往往高于国内一般贸易企业的情况，从而其从中间品进口中获得的质量升级效应较强（Freund et al.，2011）。此外，王永进和施炳展（2014）的研究也认为，加工贸易企业往往从国外进口高质量中间产品，因此，相应的最终产品质量相对较高。

其次，中间品进口来源国的异质性。为了更为细致地评估进口中间品自身的异质性对企业出口产品质量的影响，接下来，我们将中间品进口的来源国划分为 OECD 国家（type = 1）和非 OECD 国家（type = 2），进一步比较研究不同来源国的中间品进口对企业出口产品质量的异质性影响。此外，为了考察进口中间品自身技术含量对企业出口产品质量的影响，我们按照考察期内所有企业进口中间品的质量水平的中位数值进行分类，把大于中位数值的中间品视为高技术中间品（type = 3），其余的为低技术中间品（type = 4）。在这一部分，我们构建以下模型：

$$Qua_{it} = \alpha_0 + \alpha_1 lnInput_{it} + \sum_{\eta=1}^{2} \lambda_\eta lnInput \times type\_\eta + \alpha_2 X_{it} + v_i + v_t + \varepsilon_{it}$$

$$(4-7)$$

在式（4-7）中，type_ η（η = 1，2，3，4）表示进口中间品类型的虚拟变量。其中，我们分别使用中间品进口关税、中间品进口关税与 type_ η（η = 1，2，3，4）的交叉项，作为中间品进口、中间品进口与 type_ η 的交叉项的工具变量进行 2SLS 估计。具体的回归结果见表4-4的第（3）列和第（4）列。第（3）列中关于进口来源国的回归结果表明，从 OECD 国家进口中间品比从非 OECD 国家进口中间品，对出口产品质量的积极作用更大。这与冯等（Feng et al.，2012）的结论是吻合的。从 OECD 国家进口的中间产品更多的是技术寻求型，进口中间产品的企业能够引入更多的新产品种类，从而增加企业现有产品的收入和提高企业的技术创新（Shepherd，Stone，2012）。而从非 OECD 国家进口的中间产品更多的可能是资源或初级产品，也就是说，非 OECD 国家在有些资源型中间产品和劳动密集型中间产品的生产上具有比较优势，价格要比国内的中间品供给商便宜。因此，选择进口中间品可以降低国内企业的生产成本，而这些中间品自身的技术含量较低，对企业的出口产品质量影响甚微。第（4）列的回归结果表明，lnInput × type3 的系数在绝对值和显著性方面均高于 lnInput × type4 的回归系数，即进口中间投入品的质量越高，其对企业出口产品质量的积极影响越大，该结论与汪建新等（2015）的研究相一致。这可能是因为相比低质量的进口中间品，高质量的进口中间品对出口企业的技术转移效应更为显著（Eaton，Kortum，2002）。

4.4.3　稳健性分析

4.4.3.1　使用其他工具变量

在前文分析中，我们使用均值权重法来构造企业层面的中间品进口关税指标。这里作为一种稳健性检验，我们进一步借鉴余（Yu，2015）以及余森杰和李晋（2015）的方法，使用首期权重法计算企业层面的中间品进口关税指标，具体的，式（4 - 2）中的权重为 $\alpha_{ip} = m_{ip,inia} / \sum_{p \in \Omega_{it}} m_{ip,inia}$，其中，$\alpha_{ip}$ 为固定权重，由企业 i 在出现的第一年产品 p 的进口占企业 i 中间品总进口的比重来表示。具体回归结果见表 4 - 5 的第（1）列，回归结果表明，中间品进口的估计系数为正，并且通过了 1% 水平的显著性检验，表明中间品进口确实显著地促进了企业的出口产品质量提高，本章结论较为稳健。

表 4 - 5　　　　　　　　　　稳健性检验结果

变量	(1)	(2)	(3)	(4)
lnInput	0.0811***	0.0823***	0.0580***	0.0605***
	(3.472)	(4.585)	(4.280)	(3.782)
tfp	0.2274***	0.2520***	0.0050***	0.1390***
	(6.046)	(5.774)	(6.379)	(5.480)
size	0.0372***	0.0356***	0.0031**	0.0217***
	(7.462)	(7.527)	(2.034)	(3.167)
wage	0.0189***	0.0197***	0.0120***	0.0201***
	(9.526)	(9.373)	(5.782)	(7.052)
profit	0.0059	0.0293***	0.0231***	0.0131
	(1.642)	(4.672)	(3.952)	(0.493)
finance	0.0182	0.0193***	0.0123***	0.0322***
	(0.637)	(7.748)	(4.743)	(5.690)
reer	0.0342***	0.0384***	0.0216***	0.0345***
	(4.588)	(6.378)	(4.783)	(3.807)
subsidy	0.0118	0.0456***	0.0207***	0.0118***
	(0.541)	(3.009)	(3.763)	(5.589)
foreign	0.0438**	0.0409**	0.0037***	0.0068***
	(2.229)	(2.094)	(4.672)	(4.041)
style	0.1503***	0.1836***	0.4042***	0.7238***
	(5.722)	(6.572)	(6.542)	(5.982)
常数项	0.6126***	0.5054***	0.7257***	0.4920***
	(9.374)	(9.378)	(9.405)	(7.051)
τ_{it}^{input}	-0.0327***	-0.0334***		-0.0452***
（第一阶段的 工具变量）	(-3.742)	(-3.952)		(-3.893)
K-P rk LM 统计量	175.5 [0.000]	183.9 [0.000]		168.5 [0.000]
K-P Wald rk F 统计量	55.2 [0.000]	51.0 [0.000]		69.5 [0.000]
Hansen 检验			52.76 [0.246]	
AR (1) 检验			-4.03 [0.000]	
AR (2) 检验			0.69 [0.373]	
企业效应	Yes	Yes	Yes	Yes
年份效应	Yes	Yes	Yes	Yes
观测值	2361269	1873491	112137	2361250

注：圆括号内数值为纠正了异方差后的 t 统计量；***、** 和 * 分别表示 1%、5% 和 10% 的显著性水平，方括号内数值为相应统计量的 p 值；K-P 为 Kleibergen-Paap。结果省略了被解释变量的滞后一期项。

4. 4. 3. 2　考虑同时进出口企业的情况

由于我们的样本中除了同时从事进口活动和出口活动的企业之外，还包含一部分纯进口企业和纯出口企业，这部分企业的出口产品质量可能不会受到中间品进口的影响或者受到的间接影响较小。为了考虑结果的稳健性，我们将纯进口企业和纯出口企业从样本中剔除，也就是说，仅考虑同时进口和同时出口的企业这种情况。使用 2SLS 法得到的回归结果，见表 4 – 5 的第（2）列。从回归结果可以看出，中间品进口的估计系数为正，并且通过了 1% 水平的显著性检验，即中间品进口有利于提高企业的出口产品质量。

4. 4. 3. 3　GMM 估计方法

在上述所有分析中，均未涉及企业产品质量的动态行为，然而，企业的出口产品质量可能与其在上一时期的活动有关。为了考察企业出口产品质量是否具有持续性特征，我们在本章前面静态模型的基础上进一步引入企业出口产品质量的一期滞后项将其扩展为一个动态面板模型，这样处理的好处还体现在可以涵盖未考虑到的其他影响因素，进而减轻遗漏变量偏差。动态面板模型的估计方法主要有差分 GMM 和系统 GMM，其中，系统 GMM 充分利用了差分方程与水平方程的信息，适合于估计具有"大截面、短时期"特征的样本。此外，相对于一步法估计而言，两步法系统 GMM 估计较不容易受到异方差的干扰，不过，在有限样本下，由两步法估计得到的标准误会出现下偏。对于这一点，本章采用温德梅耶（Windmeijer，2005）的方法对两步法标准误的偏差进行矫正。

在处理内生性问题方面，动态面板系统 GMM 方法的优势在于只需用变量的滞后项作为工具变量，我们选择中间品进口变量的两阶滞后项及其更高滞后项的水平变量作为差分方程的工具变量进行估计，结果显示在表 4 – 5 的第（3）列。需要指出的是，两步法系统 GMM 估计的可靠性取决于工具变量的可靠性和模型设置的合理性，为此我们进行了两类检验：其一是 Hansen 过度识别检验，其原假设是"工具变量是有效的"；其二是 Arellano – Bond AR（1）检验及 Arellano – Bood AR（2）

检验，其原假设分别为"模型的残差序列不存在一阶序列相关"和"模型的残差序列不存在二阶序列相关"，如果不能在10%水平上拒绝 Arellano – Bond AR（1）检验，则表明模型的设定是合理的。从检验结果可以看出，Hansen 检验的 p 值大于 0.1，说明不能拒绝"工具变量是有效的"原假设；Arellano-Bond AR（1）检验的 p 值小于 0.05，但 Arellano – Bood AR（2）检验的 p 值大于 0.1，这意味着，残差项只存在一阶序列相关性而不存在二阶序列相关性，即回归模型的设定是合理的。从估计结果来看，中间品进口对企业出口产品质量的影响为正，与前文结论一致。

4.4.3.4 产品质量测算方法

前文中，我们使用坎德维尔（Khandelwal，2010）以及王永进和施炳展（2014）的方法来测算企业的出口产品质量指标，这里作为一种稳健性检验，我们进一步在测算企业出口产品质量指标时控制加工贸易、政府补贴、企业资本密集度、企业利润率、企业规模等企业层面影响因素，并使用新的出口质量指标基于 2SLS 法进行了一组稳健性检验，具体结果见表 4 – 5 的最后一列。回归结果表明，中间品进口的估计系数依然显著为正，即中间品进口确实显著地促进了企业的出口产品质量提高，本章结论较为稳健并且不受出口质量指标测算方法的影响。

4.5 中间品进口与企业出口产品质量：地区制度环境的作用

从前文基准模型的回归结果得到，中间品进口通过中间产品质量效应、产品种类效应与技术溢出效应三个途径显著地促进了企业出口产品质量的提高，并且上述效应因中间品进口来源国、中间品自身技术含量以及企业生产率等的不同而具有显著的异质性。但前文研究尚未考虑到制造业出口企业所在地区制度环境的差异性。然而，经过改革开放以来40 年的发展，中国各地区在经济、社会与法律制度方面都实现了较大的转型。另外，由于各地区在经济、地理以及政策等方面均存在显著差异，进而在制度环境方面也有明显的不同。

　　当前在关于中间品贸易与企业出口行为的相关研究中，学者们越来越关注合约实施等制度因素的作用。比如，阿劳约和欧梅拉斯（Araujo，Omelas，2007）首次发展了一个基于两个国家的不完全信息动态模型，以考察正式的契约实施制度对企业贸易动态变化的影响机制。他们认为，良好的制度环境不仅可以促进国际贸易集约边际的扩展，而且可以通过降低违约率来促进国际贸易广度边际的扩展。拉詹和利（Rajan，Lee，2007）通过构建理论模型考察契约实施对不同产品质量的出口企业的贸易量的影响，他们研究发现契约实施对企业出口贸易的影响随着出口产品质量的提高而增强。之后，阿赫桑（Ahsan，2013）就中间品进口自由化对印度企业生产率的影响问题的研究中，也考虑了地区契约实施这一制度因素，他认为中间品进口自由化对企业生产率的积极作用随着地区契约实施制度的改进而增强。由此我们不禁要问，中间品进口对中国企业出口产品质量的影响效应，是否也会因地区制度环境的不同而存在差异？

　　为了回答上述问题，我们在基准模型的基础上引入地区制度环境变量（zhidu），得到以下模型：

$$Qua_{it} = \alpha_0 + \alpha_1 \ln Input_{it} + \alpha_2 \ln Input_{it} \times zhidu_{kt} + \alpha_3 X_{it} + v_j + v_k + v_t + \varepsilon_{it}$$

$$(4-8)$$

在式（4-8）中，zhidu 为地区制度环境变量。具体的，与张杰等（2010）的方法类似，我们使用下式来进行计算：zhidu = marindex ×（1-disindex），其中，marindex 表示市场化指数，数据来自 2010 年樊纲等编制的《中国市场化指数报告》，disindex 表示市场分割指数，这里主要使用价格指数法来计算地区的市场分割程度（陆铭，陈钊，2009）。

　　我们之所以用市场化指数与市场分割指数来构造制度环境变量，主要原因是：首先，市场分割指数与本章的研究主题之间具有较强的相关性。一是地区市场环境的完善程度与国外中间品供应商的签约意愿呈正相关关系。也就是说，地区的合约实施制度越完善，国外中间品供应商与该地区企业签约的意愿越强，并且愿意提供的中间品数量往往也越多。二是考虑到地区市场分割会阻碍生产要素与产品的自由流动，并提高运输成本和企业获得中间品的时间成本。因此，在进口的中间品进入国内市场之后，地区的市场分割程度会直接影响国内企业获得中间品的顺畅程度。其次，企业的出口行为不仅会受到合约实施和知识产权等制度因素的影响，还会受到非国有化、政府效率等其他制度变量的影响，而"市场化指数"可以综合涵盖上述各种制度因素的作用，从而选取"市场化指数"来衡量本章的地区制度环境变量比使用"市场中介组织发育以及法律制度环境"等指标更有优势。

此外，值得强调的是，在计量回归时，我们分别使用中间品进口关税、中间品进口关税与 zhidu 的交叉项，作为中间品进口、中间品进口与 zhidu 的交叉项的工具变量进行估计。表 4-6 显示了中间品进口、制度环境与企业出口产品质量的回归结果。其中，第（1）列不纳入控制变量以及未控制固定效应，以此作为基准回归。从中可以看出，变量 lnInput × zhidu 的估计系数为正，但并不显著。这说明在不控制其他影响因素时，中间品进口对企业出口产品质量的影响受到地区制度环境的影响较为微弱。进一步地，我们在第（2）列中纳入生产率等控制变量，并控制了行业层面和地区层面的固定效应，结果发现变量 lnInput × zhidu 的估计系数通过了 10% 的显著性检验，这说明生产率等变量对企业出口产品质量的影响不容忽视。基于此，我们在第（3）列中同时控制行业、地区和年份特定效应，结果发现 lnInput × zhidu 的估计系数的显著性水平进一步上升。

总体来看，在制度越完善的地区，中间品进口对企业出口产品质量的促进作用就越大，即地区制度环境强化了中间品进口对企业出口产品质量的提升作用。结合表 4-6 的第（3）列的回归结果和样本实际数据，我们将中间品进口对企业出口产品质量的边际影响的预测值绘制在图 4-2 中。从图 4-2 中可以直观地看出，随着地区制度环境指数的逐步提高，中间品进口的边际效应也越来越强，说明中间品进口对企业出口产品质量的提升效应确实受到地区制度环境的制约。上述结论预示着，全面推进市场化改革、提高市场的资源配置效率，是促进中国出口产品质量提升的重要方式。

表 4 - 6　　　　　　中间品进口、制度环境与企业出口产品质量

变量	(1)	(2)	(3)
lnInput	0.0876***	0.0834***	0.0821***
	(3.732)	(4.690)	(5.663)
lnInput × zhidu	0.0013	0.0026*	0.0039***
	(1.057)	(1.783)	(3.627)
zhidu	0.0190***	0.0158*	0.0187***
	(6.934)	(1.842)	(5.353)
tfp		0.1375**	0.1362***
		(2.103)	(4.722)
size		0.0136***	0.0134***
		(4.804)	(4.732)
wage		0.0156***	0.0160***
		(4.803)	(4.678)
profit		0.2236***	0.2265***
		(4.842)	(4.953)
finance		0.0116***	0.0115***
		(3.852)	(3.769)
reer		0.0305***	0.0310***
		(6.427)	(6.521)
subsidy		0.0304	0.0311***
		(1.532)	(3.606)
foreign		0.0160***	0.0163***
		(5.852)	(5.736)
style		0.0305*	0.0300***
		(1.784)	(6.532)
常数项	0.4754***	0.3529***	0.2520***
	(7.861)	(8.021)	(7.034)
K-P rk LM 统计量	250.1 [0.000]	223.6 [0.000]	216.8 [0.000]
K-P Wald rk F 统计量	78.3 [0.000]	70.5 [0.000]	89.7 [0.000]
行业效应	No	Yes	Yes
地区效应	No	Yes	Yes
年份效应	No	No	Yes
观测值	2361269	2361269	2361269
R^2	0.220	0.235	0.376
第一阶段回归			
τ_{it}^{input}	-0.0608***	-0.0573***	-0.0320***
	(-5.272)	(-7.372)	(-5.589)
τ_{it}^{input} × zhidu	-0.0180***	-0.0265***	-0.0245***
	(-4.332)	(-6.488)	(-5.837)

注：括号内数值为纠正了异方差后的 t 统计量；*** 、** 和 * 分别表示 1%、5% 和 10% 的显著性水平，方括号内数值为相应统计量的 p 值；K-P 为 Kleibergen-Paap。

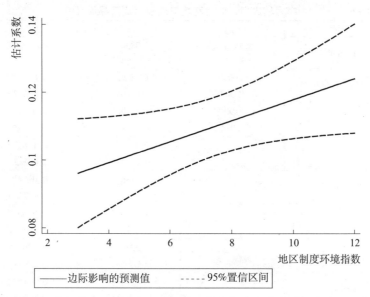

图4-2 中间品进口对处于不同制度环境企业出口产品质量的边际影响

4.6 中间品进口与行业出口质量变动：资源再配置效应

在前文中，我们已从微观层面考察了中间品进口对企业出口产品质量的影响、可能的作用机制及地区制度环境的作用，发现中间品进口显著提高了企业出口产品质量，并且在制度环境越完善的地区上述积极影响越显著。为了保证研究的完整性以及出于稳健性的考虑，这一节进一步考察中间品进口与行业层面出口质量之间的关系以及资源再配置效应在其中的作用。对上述问题的回答，可以加深我们关于中间品进口行为和行业出口质量变动来源之间关系的理解。

施炳展（2013）将行业整体的出口质量进行分解，发现企业间效应以及企业在市场上的进入行为和退出行为，即行业内部企业之间的资源再配置效应对行业出口质量的影响巨大，但是，该文并没有考察中间品进口引致的资源再配置效应对行业出口质量的具体影响。从微观基础来看，行业总体出口产品质量的变动主要包括以下四个方面：企业内效应（within firm effect）、企业间效应（across firm effect）、进入效应

（entry effect）以及退出效应（exit effect）。其中，企业内效应是指，假定在位企业的市场份额不变，由在位企业自身出口产品质量水平变化所引致的总体出口产品质量变动；企业间效应是指，其他因素不变，由在位企业的市场份额变化所引致的总体出口产品质量变动；进入效应表示，由企业进入所引致的行业总体出口产品质量的变动；退出效应表示，由企业退出所引致的总体出口产品质量的变动。而企业间效应、进入效应以及退出效应三项的和，为资源再配置效应（Griliches，Regev，1995）。

那么，我们不禁要问，中国制造业行业总体出口产品质量的变动主要是由企业内效应还是资源再配置效应导致的，以及中间品进口更多的是通过哪种效应影响行业出口产品质量的变动？考虑到上述四种效应的估计必须依赖于行业层面的数据进行，我们先按照式（4-9）计算行业总体的出口产品质量：

$$qua_{jt} = \sum_{i \in \Theta_j} s_{it} \times Qua_{it} \tag{4-9}$$

在式（4-9）中，下标 i、j、t 分别表示企业、三位码行业和年份；Θ_j 表示行业 j 的企业集合；s_{it} 为权重，用企业 i 的出口额占行业 j 的出口总额的比例来衡量，它可以表示资源在企业间的配置情况。行业总体出口产品质量从 t-1 期到 t 期的变化表示如下：

$$\Delta qua_{jt} = \sum_{i \in (D,EN)} s_{it} \times Qua_{it} - \sum_{i \in (D,EX)} s_{it-1} \times Qua_{it-1} \tag{4-10}$$

在式（4-10）中，D、EN 和 EX 分别表示持续出口企业（或在位企业）、新进入企业和退出企业的集合。接下来，借鉴格里利兹和雷格夫（Griliches，Regev，1995）对生产率的分解方法，构建以下动态分解恒等式：

$$\Delta qua_{jt} = \underbrace{\sum_{i \in D} \overline{s_i} \Delta Qua_{it}}_{within-firm\ effect} + \underbrace{\sum_{i \in D} \Delta s_{it} (\overline{Qua_i} - \overline{qua_j})}_{across-firm\ effect}$$

（intensive margin）

$$+ \underbrace{\sum_{i \in EN} s_{it} (Qua_{it} - \overline{qua_j})}_{enter\ effect} - \underbrace{\sum_{i \in EX} s_{it-1} (Qua_{it-1} - \overline{qua_j})}_{exit\ effect}$$

（extensive margin）

$$\tag{4-11}$$

在式（4-11）中，下标 i、j 和 t 分别表示企业、行业和年份；变量的上划线表示其在 t-1 期和 t 期的平均值。在式（4-11）中，行业出口产品质量的变动主要包括四部分：企业内效应（within firm effect）、企业间效应（across firm effect）、进入效应（entry effect）以及退出效应（exit effect）。对于进入效应而言，当新进入企业的出口产品质量高于行业平均出口产品质量时该项为正；对于退出效应，当退出企业的出口产品质量低于行业平均出口产品质量时该项为正。此外，与格里利兹和雷格夫（Griliches，Regev，1995）的做法类似，我们将企业内效应和企业间效应的和定义为集约边际变动，将进入效应和退出效应的和定义为扩展边际变动，将企业间效应、进入效应以及退出效应三项的和定义为资源再配置效应。

具体的，我们分别用 Δqua_{jt}^1、Δqua_{jt}^2、Δqua_{jt}^3、Δqua_{jt}^4、Δqua_{jt}^5、Δqua_{jt}^6、Δqua_{jt}^7 来表示企业内效应、企业间效应、进入效应、退出效应、集约边际变动、扩展边际变动以及资源再配置效应。

表4－7显示了对2000～2007年行业出口产品质量的分解结果，观察表4－7的第（1）行我们不难发现，样本期内行业出口产品质量的年平均增长幅度为0.0386，其中，表4－7的第（2）行表明企业内效应最大，为0.0175，对行业出口产品质量提高的贡献度为45.34%。说明样本期内在位企业的出口产品质量得到了较大幅度提高，这部分企业可能会通过在国际市场的"干中学"效应、竞争效应等不断提升自身的出口产品质量。然后，在退出效应方面，对行业出口产品质量提高的贡献度超过了35.23%，也就是说，退出出口市场的往往是那些出口产品质量较低的企业。

处于第三位的是企业间效应，表4－7的第（3）行显示其值为0.0103，贡献度达26.68%，这表明整体而言，出口产品质量较高的制造业企业往往占较大的市场份额。值得注意的是，表4－7的第（4）行中的进入效应为负（－0.0028），这反映了新进入市场的企业其出口产品质量往往低于在位企业的平均水平，并且我们使用本章样本数据计算后发现，新进入企业的平均出口产品质量低于在位企业的平均出口产品质量，这与施炳展（2013）的结论一致。其可能的原因是，新进入企业往往处于成长期，受到自身生产规模和研发水平的制约，其出口产品质量往往低于在位企业。此外，新进入企业的出口产品也需要花费一定的时间成本来构建其消费群落和产品信誉，以不断提高自身产品质量，从而相对于销售体制和信誉体制较为完善的在位企业，其出口产品质量可能会相对较低。

　　进一步地，行业出口产品质量的集约边际变动与扩展边际变动均为正，且前者大于后者。具体而言，集约边际对行业出口产品质量提高的贡献度大于72.02%，而扩展边际的贡献度只有27.98%。考虑企业间效应的情况下，资源再配置效应为0.0211，它对行业出口产品质量提高的贡献度为54.66%。通过比较我们容易发现，资源再配置效应在行业出口产品质量提高中发挥关键作用。

表 4-7　　　　　　　　行业出口产品质量变动的分解结果

项目		qua
总变动	(1)	0.0386
企业内效应	(2)	0.0175 (45.34)
企业间效应	(3)	0.0103 (26.68)
进入效应	(4)	-0.0028 (-7.25)
退出效应	(5)	0.0136 (35.23)
集约边际	(2) + (3)	0.0278 (72.02)
扩展边际	(4) + (5)	0.0108 (27.98)
再配置效应	(3) + (4) + (5)	0.0211 (54.66)

　　注：括号外的数值表示各个效应项的大小，括号内的数值表示各个效应项对行业出口产品质量变动的贡献率，单位为%。

　　在以上分解结果的基础上，我们进一步构建以下计量模型来重点考察资源再配置效应是否是中间品进口影响行业出口产品质量的重要渠道：

$$Q_{jt} = \alpha_0 + \alpha_1 \ln Input_{jt} + v_j + v_k + \varepsilon_{jt} \qquad (4-12)$$

在式（4-12）中，j、k、t分别表示三位码行业、地区和年份；在不同的模型中，Q_{jt}分别用Δqua_{jt}、Δqua_{jt}^{κ}（$\kappa=1,2,\cdots,7$）表示，v_j和v_k分别表示行业固定效应和地区固定效应。$\ln Input_{jt}$表示行业层面的中间品投入，考虑到中间品进口可能存在的内生性，这里使用行业层面的中间品进口关税指标作为行业中间品进口的工具变量进行2SLS估计。行

业层面的中间品关税指标构造如下:

$$\tau_{jt}^{input} = \sum_{w \in \Theta_j} \theta_{wt} \times \tau_{wt}^{output} \qquad (4-13)$$

在式(4-13)中,j 表示行业(三位码),w 表示投入品,Θ_j 表示行业 j 的投入集合,$\theta_{wt} = input_{wt} / \sum_{w \in \Theta_j} input_{wt}$ 表示要素 w 的投入权重,用投入要素 w 的成本占行业 j 总投入要素成本的比重来衡量。[①] 此外,τ_{wt}^{output} 表示行业最终品关税率,它由 $\tau_{wt}^{output} = \sum_{p \in \Theta_{wt}} n_{pt} \tau_{pt} / \sum_{p \in \Theta_{wt}} n_{pt}$ 计算得到,这里 n_{pt} 为产品 p 在第 t 年的税目数。

表4-8显示了对计量模型(4-12)的估计结果。其中,第(1)行以行业总体出口产品质量为因变量,回归结果显示,中间品进口显著提高了行业总体出口产品质量。表4-8中第(2)行~第(8)行给出了以各分解项为因变量的回归结果。第(2)行结果表明,中间品进口对企业内效应具有显著的促进作用,即中间品进口显著提高了在位企业的平均出口产品质量水平,该结论可以为本章第四节的研究结论提供来自行业中观层面的证据。表4-8的第(3)行中,关于企业间效应的估计结果显示,中间品进口的估计系数为正且通过了1%水平的显著性检验,即中间品进口促进了市场份额由产品质量相对低的在位企业向产品质量较高的在位企业的再配置,进而提高了行业整体的出口产品质量。对集约边际变动影响的估计结果列示于表4-8的第(6)行中,可以看到,中间品进口通过集约边际显著提高了行业出口产品质量。对其可能的解释是,前文分析表明中间品进口不仅显著提高了企业内效应,而且对企业间效应也具有明显的促进作用,从而其对持续在位企业的出口产品质量提高具有积极影响。

在出口产品质量的扩展边际方面,表4.8的第(7)行显示,中间品进口通过扩展边际对行业出口产品质量也产生了积极影响,但在影响程度上远远弱于集约边际。具体来看,第(4)行和第(5)行显示,中间品进口对进入效应的影响较为微弱,但中间品进口通过退出效应却显著提高了行业出口产品质量,即中间品进口会加速出口产品质量较低的企业退出出口市场,从而可以为拥有较高产品质量的企业留出更大的

---

① 鉴于数据的可获得性,这里的投入权重根据2002年中国投入产出表计算得到。此外,考虑到投入权重可能随时间变化,在计算2000~2004年和2005~2007年这两个时间段的投入权重时分别使用了2002年和2007年的中国投入产出表,计算结果非常相似。

市场空间。表4-8的第（8）行的回归结果显示，中间品进口的估计系数显著为正，且通过了5%水平的显著性检验，这表明中间品进口通过资源再配置效应显著促进了行业出口产品质量的提高。通过比较第（1）行和第（8）行中中间品进口的估计系数不难发现，资源再配置效应的确是中间品进口促进行业出口质量提高的重要渠道。

表4-8　　　　　　　中间品进口与行业出口产品质量变动

项目		lnInput	常数项	行业效应	地区效应	观测值	R^2
总体	(1)	0.0331*** (3.637)	0.8140*** (5.037)	Yes	Yes	1086	0.319
企业内效应	(2)	0.0137*** (3.031)	0.1216*** (3.021)	Yes	Yes	1086	0.267
企业间效应	(3)	0.0102*** (4.642)	0.0937*** (4.092)	Yes	Yes	1086	0.200
进入效应	(4)	0.0030 (1.320)	0.3782*** (5.022)	Yes	Yes	1086	0.337
退出效应	(5)	0.0062*** (4.945)	0.2205*** (3.783)	Yes	Yes	1086	0.212
集约边际	(6)	0.0239*** (3.562)	0.2153*** (4.619)	Yes	Yes	1086	0.379
扩展边际	(7)	0.0092* (1.803)	0.5987*** (4.905)	Yes	Yes	1086	0.326
再配置效应	(8)	0.0194** (2.102)	0.6924*** (5.739)	Yes	Yes	1086	0.395

注：括号内数值为纠正了异方差后的 t 统计量；***、** 和 * 分别表示1%、5%和10%的显著性水平。

4.7　小　　结

近年来，出口产品质量问题已经成为国际经济学、发展经济学等诸多学科领域研究的热点和前沿话题。而对于中国这样的以"出口导向型"战略取得阶段性成功，而迫切需要实现由出口大国向出口强国转变的进出口贸易大国而言，充分发挥进口尤其是中间品进口对出口产品质量的积极影响显得尤为关键。正是基于以上背景，本章使用2000～2007年中国制造业企业的生产数据和贸易数据，深入地研究了中间品进口对中国制造业企业出口产品质量的影响效应。本章先以中国制造业企业为样本，实证分析了中间品进口通过中间产品质量效应、产品种类效应和技术溢出效应三个途径对企业出口产品质量的基准影响，研究发现中间品进口尤其是高质量的中间品进口确实促进了中国企业的出口产品质量升级。

引入企业特征的分析表明，中间品进口对企业出口产品质量的影响受到中间品进口来源国、中间品技术含量、企业生产率水平、融资约束、所有制和贸易方式等因素的制约。

第一，在企业生产率的异质性方面，中间品进口对最低生产率的企业出口产品质量的影响并不显著，而随着企业生产率水平的提高，中间品进口对出口产品质量的积极作用越来越大。

第二，在企业融资约束方面，中间品进口对较高程度融资约束的企业出口产品质量具有显著的抑制作用，而其对较低程度融资约束的企业出口产品质量具有显著的促进作用，并且对融资约束程度越低的出口企业的产品质量的积极影响越大。

第三，从所有制类型上看，相比其他类型企业，中间品进口不利于私营企业的出口产品质量提高。现阶段，我国应加强对私营部门的政策优惠，营造更为公平的市场竞争环境，从而激发中国出口产品质量可持续增长的内生动力；在贸易方式方面，中间品进口对加工贸易企业出口产品质量的积极影响要远大于一般贸易企业，也就是说，加工贸易对我国出口竞争力提升的作用不容忽视，我们应该正确看待加工贸易在中国对外贸易中的作用，在贸易方式转型升级过程中保留适当的技术型加工贸易，实行循序渐进的贸易结构升级战略。

第四，在进口来源国方面，从 OECD 国家进口中间品比从非 OECD 国家进口中间品对企业出口产品质量的积极作用更大。

第五，进口中间投入品的质量越高，其对企业出口产品质量的积极影响越显著。

此外，本章研究的一个新颖之处，在于特别强调了地区制度环境的重要性，通过将地区制度环境因素引入了中间品进口和企业出口产品质量问题的研究框架，本章的实证结果表明，良好的地区制度环境有利于强化中间品进口对制造业企业出口产品质量的积极影响。也就是说，积极改进地区制度环境有利于充分发挥中间品进口对企业出口产品质量的提升效应。

本章的研究视角由微观企业层面转入中观行业层面，行业出口质量的分解结果表明，集约边际对行业出口质量的提高发挥了主要作用，扩展边际的贡献相对较弱，另外，资源再配置效应对行业出口质量提高的贡献高达58%，相应的计量检验表明，资源再配置效应是中间品进口促进行业出口质量的重要渠道。

本章不但丰富了国内外有关中间品贸易与企业产品质量升级的文献研究，也有助于理解近年来中国"为出口而进口"战略的经济绩效和企业出口产品质量的动力来源。此外，本章的研究还具有重要的政策含义。由于中间品进口在总体上显著促进了制造业出口企业的质量升级，因此，继续推进和深化中间品进口自由化改革对于改善企业的生存和实现我国出口由量的积累到质的改进都是一项重要的政策举措。但与此同时，本章的研究也发现，中间品进口对企业出口产品质量的影响存在显著差异，它会受到企业生产率、融资约束、中间品进口来源国以及中间品自身技术含量的影响，这说明只有生产率高和融资能力强的企业才能充分利用中间品进口来实现产品质量升级。也就是说，单纯依赖国外高附加值的中间品进口来促进出口，也可能对中国本土企业的自主创新能力形成替代效应，阻碍中国企业可持续出口竞争力的提升。因此，中国政府不仅要鼓励企业进口来自先进国家的高质量中间投入品，更重要的是推动本土出口企业的自主创新，鼓励企业增加研发投入，同时改善企业融资环境，不断完善金融体制深化改革。

本章研究的另一个重要发现是，中间品进口对企业出口产品质量的积极影响与所在地区的制度环境紧密相关，也就是说，地区制度越完善，中间品进口对企业出口质量升级的促进作用就越大。因此，在当前国内外竞争环境发生变化的背景下，我国要坚持推进中间品进口自由化和国内制度环境建设的政策，通过进一步推进内部市场化改革、不断完善国内制度环境、加大知识产权保护力度，以及通过对话和合作争取部分发达国家放松出口管制，促进技术密集型产品和知识型密集型产品进口等方式来使中间品进口的产品质量升级效应得到更有效的发挥。

第 5 章

中间品进口与制造业企业加成率

以中国加入 WTO 作为一次自然实验，本章采用倍差法深入考察了中间品进口自由化对企业加成率的微观效应及其作用机制。研究发现，中间品进口自由化显著地提高了企业的成本加成定价能力，其影响程度在时间趋势上呈现倒 "U" 形的动态变化特征。我们在研究中还特别强调了地区制度环境的重要性，发现在制度越完善的地区，中间品进口自由化对企业加成率的提升作用越大。进一步的影响机制检验表明，产品质量升级和生产效率提升是中间品进口自由化提高企业加成率的可能渠道。然后，行业加成率的动态分解结果显示，行业加成率的增长主要来自集约边际（intensive margin），扩展边际（extensive margin）的贡献较小。另外，资源再配置效应对行业加成率增长的贡献超过 50%，而且它是中间品进口自由化促进行业加成率增长的重要途径。本章丰富了贸易自由化与加成率的研究文献，同时，对于客观评估中国加入 WTO 的微观成效和推进贸易体制改革具有一定的启示意义。

5.1 问题的提出

自 20 世纪 90 年代初以来，为了适应市场经济体制改革和融入多边贸易体制的需要，中国就实施了以削减关税税率和非关税壁垒为主要内容的进口贸易自由化改革。在 2001 年底成功加入 WTO 之后，中国也进入了新一轮快速的进口贸易自由化阶段。特别值得提及的是，企业面临的中间品关税率从加入 WTO 前的 16.5% 下降至 2007 年的 7.5%，降幅高达 54.4%。① 那么，中间品进口自由化究竟会对中国企业产生怎样的影响，它是否会影响企业的竞争能力？由于加成率反映了企业将价格维持在边际成本之上的能力，能否保持较高加成率是企业动态竞争能力的重要标志之一（任曙明，张静，2013）。据此，本章将从企业加成率的视角来研究中间品进口自由化与企业竞争力之间的内在关系。这不仅有助于客观评估中国加入 WTO 的微观成效，而且能为下一步如何更好地推进贸易体制改革提供有益的政策启示，因此，具有重要的理论价值和现实意义。

与本章密切相关的一类文献是研究中间品进口自由化对企业绩效的影响。在这类文献中，大部分学者关注了中间品关税减让与企业生产率之间的关系。其中，朔尔（Schor，2004）利用 1986～1988 年巴西制造业企业微观数据进行实证研究发现，中间品进口自由化显著促进了企业的生产率进步，进而在经验上支持了格罗斯曼和赫尔普曼（Grossman，Helpman，1991）的理论预期。② 埃米蒂和科林斯（Amiti，Konings，2007）基于 1991～2001 年印度尼西亚制造业企业微观数据进行的研究也发现，中间投入品关税率每下降 10%，企业生产率将提高 12%。文章还进一步指出，中间品进口自由化对企业生产率的影响程度至少是最终产品贸易自由化的两倍。

最近，余（Yu，2014）利用 2000～2006 年中国制造业企业微观数据，比较研究了最终产品贸易自由化与中间品进口自由化对企业生产率的影响，结果发现，中间品关税减让对企业生产率具有显著的促进作用，但在程度上小于最终产品贸易自由化。还有学者考察了中间品进口自由化对企业出口的影响，如巴斯（Bas，2012）以阿根廷制造业企业为样本进行实证研究发现，行业中间品关税下降不仅显著促进了企业的出口参与，同时提高了企业的出口额。田巍和余淼杰（2013）对中国的研究都得到了类似的结论。除此之外，学者们还从企业创新（Teshima，2009）、产品质量（Bas，Strauss-Kahn，2012；Fan et al.，2014）等视角就中间品进口自由化对企业绩效的影响进行了深入研究。

---

① 作者根据 WTO 的进口关税数据和中国海关数据测算得到，测算方法详见本章第二节。

② 格罗斯曼和赫尔普曼（Grossman，Helpman，1991）通过理论分析认为，贸易自由化可通过使企业获得更多高质量的国外进口中间品的途径进而提高企业生产率。

与本章相关的另一类文献，则是研究企业加成率的影响因素。在理论方面，梅里兹和奥塔维亚诺（Melitz, Ottaviano, 2008）构建了基于异质性企业的垄断竞争模型，理论分析表明，企业加成率与出口强度正相关，并且生产率越高的企业越能保持更高的加成率。库格勒和菲尔霍根（Kugler, Verhoogen, 2012）通过将生产要素和产品质量的选择内生化，并将其融入异质性企业贸易模型，理论分析认为，由于出口商往往生产高品质的产品，在其他条件相同的情况下，出口产品的加成率相对也较高。

相比之下，更多的研究是从实证的角度考察企业加成率的影响因素。其中，科林斯等（Konings et al., 2005）利用保加利亚和罗马尼亚企业层面的数据，考察了私有化和市场竞争对企业加成率的影响，结果发现，私有化促进了企业加成率的提高，并且行业的竞争会强化这种促进效应。贝洛内等（Bellone et al., 2010）利用法国企业层面数据进行实证检验发现，与非出口企业相比，出口企业的加成率更高，而且企业加成率与生产率正相关，因而支持了梅里兹和奥塔维亚诺（Melitz, Ottaviano, 2008）的理论预测。随后，德勒克尔和沃钦斯基（De Loecker, Warzynski, 2012）利用 1994～2000 年斯洛文尼亚企业的数据研究了出口状态与企业加成率之间的关系，结果也表明，出口企业具有更高的加成率，而且企业加成率会随其进入出口市场而提高，随其退出出口市场而降低。但与上述文献不同的是，盛丹和王永进（2012）对中国的研究则发现，出口企业的加成率明显低于非出口企业，他们认为这一"悖论"主要是由出口退税、补贴政策和出口企业行业内部的过度竞争导致的。

除此之外，也有部分学者直接考察了贸易自由化对加成率的影响，但多数是在行业宏观层面进行研究。例如，戈尔达和阿加沃尔（Goldar, Aggarwal, 2005）利用印度 1980～1997 年行业数据进行实证研究发现，最终品关税下降倾向于降低行业加成率，该效应在集中度较高的行业尤为显著。孙辉煌和兰宜生（2008）基于中国制造业行业面板数据进行实证研究，结果认为，进口自由化对加成率的影响与行业本身的竞争性有关，其中，在高竞争性行业，进口自由化显著提高了加成率，反之则具有相反的效应。诺里娅（Noria, 2013）以北美自由贸易协定的签订为背景，研究了贸易自由化对墨西哥制造业加成率的影响，结果表明，贸易自由化的可竞争效应在短期内显著降低了行业加成率，但在长期并不明显。实质上，以上文献均是只考察了最终品贸易自由化的竞争效应对行业加成率的影响。与此不同的是，德·勒克尔等（De Loecker et al.，2012）利用印度 1989～1997 年企业层面数据，同时考察了最终品贸易自由化与中间品进口自由化对企业加成率的影响，研究表明，中间品进口自由化显著提高了企业加成率，而最终品贸易自由化则通过竞争效应降低了企业加成率。不过，他们的研究只是在行业层面测算贸易自由化指标，此外，也不可避免地受到内生性问题的干扰。

比上述文献更进一步，本章以中国 2001 年年底加入 WTO 作为自然实验，利用倍差法（difference-in-difference，DID）研究中间品进口自由化对企业加成率的微观效应及其作用机制，进而有效地克服了传统研究中可能面临的内生性问题。具体的，我们将一般进口企业作为处理组，将加工进口企业作为对照组，利用 2000～2007 年中国制造业企业的生产数据和贸易数据进行倍差法估计。实证结果显示，中间品进口自由化显著提高了企业的成本加成定价能力；在时间趋势上，中间品进口自由化对企业加成率的影响强度呈现先上升、后下降的倒"U"形动态变化特征，其中，在加入 WTO 之后的第二年最大。

我们在研究中还特别强调了地区制度环境的重要性，发现在制度越完善的地区，中间品进口自由化对企业加成率的提升作用就越大，即地区制度环境起到了强化作用。此外，本章还通过构建中介效应模型揭示了中间品进口自由化影响企业加成率的作用机制，经检验发现，产品质量升级和生产效率提升是中间品进口自由化提高企业加成率的两条可能的渠道。然后，本章的研究视角由微观分析转入行业层面的中观分析，行业加成率的动态分解结果显示，行业加成率的增长主要来自集约边际，扩展边际的贡献较小。另外，资源再配置效应对行业加成率增长的贡献超过 50%，进一步的计量检验还发现，资源再配置效应是中间品进口自由化促进行业加成率增长的重要途径。

本章可能的贡献主要体现在以下几个方面。第一，在研究样本上，已有的关于贸易自由化与加成率之间关系的研究基本上使用宏观加总数据，并且对贸易自由化指标的测算也停留在行业层面上。因此，忽略了不同企业在成本加成定价能力上的异质性和贸易自由化程度的差异。与此不同的是，本章测算了企业层面的中间品进口自由化指标，并且从微观层面考察了中间品进口自由化对企业加成率的影响及其作用机制，可以有效地解决"加总谬误"问题。第二，在研究方法上，本章以中国加入WTO作为政策冲击，在一个自然实验的框架下，采用倍差法研究中间品进口自由化对企业加成率的微观影响，较好地解决了以往研究中可能面临的内生性问题。第三，在研究视角上，既有的研究中间品进口自由化与企业加成率的文献大都忽略了国内制度因素的作用，本章则基于中国各地区制度环境存在显著差异这一事实，对此进行了深入研究。第四，本章通过构建中介效应模型深入检验了中间品进口自由化影响企业加成率的作用机制，进而加深了对贸易政策变动与企业加成率之间关系的认识。第五，本章还采用格里利兹和雷格夫（Griliches，Regev，1995）的分析框架对行业加成率进行动态分解，并在此基础上从资源再配置的角度进一步研究了中间品进口自由化与行业加成率变动之间的关系。

5.2 典型事实与研究假说

5.2.1 核心指标测度与典型事实分析

5.2.1.1 中间品进口自由化的测度

比埃米蒂和科林斯（Amiti，Konings，2007）、阿赫桑（Ahsan，2013）等构造的行业层面中间品关税更进一步的是，本章利用丰富的生产数据与贸易数据信息，构造企业层面的中间品关税指标，表示为：

$$\tau_{it}^{input} = \sum_{l \in \Omega_{it}} \alpha_{ilt} \times \tau_{lt} = \sum_{l \in \Omega_{it}} \left(\frac{m_{ilt}}{\sum_{l \in \Omega_{it}} m_{ilt}} \right) \times \tau_{lt} \qquad (5-1)$$

在式（5-1）中，下标 i 表示企业，l 表示 HS6 位码产品，t 表示年份；Ω_{it} 表示企业 i 在第 t 年进口的产品集合；τ_{lt} 表示产品 l 在第 t 年的进口关税率；m_{ilt} 表示企业 i 对产品 l 在第 t 年的进口额；权重 $\alpha_{ilt} = m_{ilt} / \sum_{l \in \Omega_{it}} m_{ilt}$，由第 t 年产品 l 的进口占企业 i 中间品总进口的比重来表示，它的取值随年份而变化。[①] 测算企业层面的中间品关税指标的好处在于，它充分考虑了同一行业内部的不同企业往往面临不同水平的中间品关税率这一事实，而行业层面的中间品关税指标则可能会掩盖这种异质性。不过，为了保持研究的完整性和出于稳健性的考虑，本章还构造了行业层面的中间品关税指标：

$$\tau_{jt}^{input} = \sum_{w \in \Theta_j} \theta_{wt} \times \tau_{wt}^{output} \qquad (5-2)$$

在式（5-2）中，j 表示行业（三位码），w 表示投入品，Θ_j 表示行业 j 的投入集合，$\theta_{wt} = input_{wt} / \sum_{w \in \Theta_j} input_{wt}$，表示要素 w 的投入权重，用投入要素 w 的成本占行业 j 总投入要素成本的比重来衡量。[②] 此外，τ_{wt}^{output} 表示行业最终品关税率，它由 $\tau_{wt}^{output} = \sum_{l \in \Theta_{wt}} n_{lt}\tau_{lt} / \sum_{l \in \Theta_{wt}} n_{lt}$ 计算得到，式中 n_{lt} 为产品 l 在第 t 年的税目数。

5.2.1.2 企业加成率的测度

本章采用德·勒克尔和沃钦斯基（De Loecker，Warzynski，2012）的方法，即通过估计生产函数和产出弹性的方式来测算企业加成率。德·勒克尔和沃钦斯基（De Loecker，Warzynski，2012）在哈尔（Hall，1986）开创性研究的基础上，利用莱文索恩和彼得林（Levinsohn，Petrin，2003）的半参数方法较好地处理了因不可观测因素导致的加成率估算偏差。除此之外，该方法的优势还体现在它放松了规模报酬不变的假设以及无须使用生产者的资本成本数据。

考虑企业 i 在 t 期的生产函数为：

$$Q_{it} = F (X_{it}^1, \cdots, X_{it}^V, K_{it}, \omega_{it}) \qquad (5-3)$$

在式（5-3）中，Q_{it} 表示企业 i 在 t 时的实际产量；X_{it}^V 表示可变要素的投入（如劳动力、原材料等）；K_{it} 表示资本投入；生产函数 F（·）为二阶连续可微。企业追求利润最大化，即在产量既定的情况下实现成本最小化，因此，可构建以下拉格朗日函数：

---

① 在稳健性分析部分，我们还尝试采用固定的权重，即由整个样本期间内产品 l 的进口占企业 i 中间品总进口的比重来衡量。

② 鉴于数据的可获得性，这里的投入权重根据 2002 年中国投入产出表计算得到。此外，考虑到投入权重可能随时间变化，在计算 2000～2004 年和 2005～2007 年时间段的投入权重时分别使用了 2002 年和 2007 年的中国投入产出表，计算结果非常相似。

$$L(X_{it}^1, \cdots, X_{it}^v, K_{it}, \lambda_{it}) = \sum_{v=1}^{V} P_{it}^{Xv} X_{it}^v + r_{it} K_{it} + \lambda_{it} [Q_{it} - F(\cdot)]$$

$$(5-4)$$

在式（5-4）中，P_{it}^{Xv} 和 r_{it} 分别表示可变投入要素和资本投入的价格。对可变投入要素进行一阶求导可得：

$$\frac{\partial L_{it}}{\partial X_{it}^v} = P_{it}^{Xv} - \lambda_{it} \frac{\partial F(\cdot)}{\partial X_{it}^v} = 0 \qquad (5-5)$$

在式（5-5）中，$\lambda_{it} = \partial L_{it}/\partial Q_{it}$ 为给定产出水平下的边际成本。对式（5-5）两边同时乘以 X_{it}^v/Q_{it}，并经整理可得：

$$\frac{\partial F(\cdot)}{\partial X_{it}^v} \frac{X_{it}^v}{Q_{it}} = \frac{1}{\lambda_{it}} \frac{P_{it}^{Xv} X_{it}^v}{Q_{it}} \qquad (5-6)$$

成本最小化原理意味着，最优的投入要素需求应当满足：可变要素投入的产出弹性 $\left(\dfrac{\partial F(\cdot)}{\partial X_{it}^v} \dfrac{X_{it}^v}{Q_{it}}\right)$，等于该要素在生产成本中所占的份额 $\left(\dfrac{1}{\lambda_{it}} \dfrac{P_{it}^{Xv} X_{it}^v}{Q_{it}}\right)$。接下来，定义企业的加成率为 $\phi_{it} = P_{it}/\lambda_{it}$，将其代入式（5-6）可得：

$$\vartheta_{it}^{Xv} = \phi_{it} \frac{P_{it}^{Xv} X_{it}^v}{P_{it} Q_{it}} \qquad (5-7)$$

在式（5-7）中，ϑ_{it}^{Xv} 为可变要素 X^v 的产出弹性。由式（5-7）可进一步推导得到加成率的表达式：

$$\varphi_{it} = \vartheta_{it}^{Xv} (\gamma_{it}^{Xv})^{-1} \qquad (5-8)$$

在式（5-8）中，γ_{it}^{Xv} 表示可变要素的支出（$P_{it}^{Xv} X_{it}^v$）占企业总销售额（$P_{it} Q_{it}$）的比重。由式（5-8）可以看出，若要计算企业层面的加成率，我们先需要求得投入要素的产出弹性和该要素支出占销售额的比重。为了得到要素投入的产出弹性，我们需要估计企业的生产函数。与德·勒克尔和沃钦斯基（De Loecker, Warzynski, 2012）类似，我们假设企业具有相同的技术参数且为希克斯中性（Hicks-neutral），则生产函数表达式为：

$$Q_{it} = F(X_{it}^1, \cdots, X_{it}^v, K_{it}; \beta) \exp(\omega_{it}) \qquad (5-9)$$

在式（5-9）中，β 为技术参数，可以反映将投入转化为产出数量的高低，ω_{it} 为企业生产率。然而，如果采用传统 OLS 方法估计生产函数式

（5-9）将会产生同时性偏差问题（simultaneity bias），这是因为要素投入与不可观测的生产率冲击之间可能存在相关性。这里，我们借鉴德·勒克尔和沃钦斯基（De Loecker，Warzynski，2012）的做法，采用莱文索恩和彼得林（Levinsohn，Petrin，2003）的半参数法对生产函数进行估计，[①] 可以得到可变要素的产出弹性 $\hat{\vartheta}_{it}^{Xv}$。为了利用式（5-8）测算企业加成率，我们还需要知道要素的支出份额 γ_{it}^{Xv}，但是事实上我们无法直接获得 Q_{it} 而只能得到 $\hat{Q}_{it}$，根据关系式 $\hat{Q}_{it} = Q_{it}\exp(\varepsilon_{it})$ 可计算得到 $Q_{it} = \hat{Q}_{it}/\exp(\varepsilon_{it})$。因此，可进一步将要素的支出份额 γ_{it}^{Xv} 表述为：

$$\hat{\gamma}_{it}^{Xv} = \frac{P_{it}^{Xv}X_{it}^{v}}{P_{it}\hat{Q}_{it}/\exp(\hat{\varepsilon}_{it})} \qquad (5-10)$$

据此，企业 i 在 t 期的加成率可通过式（5-11）进行测算：

$$\hat{\phi}_{it} = \hat{\vartheta}_{it}^{Xv}(\hat{\gamma}_{it}^{Xv})^{-1} \qquad (5-11)$$

5.2.1.3　典型事实分析

利用式（5-11）并结合中国制造业企业的生产数据与贸易数据，我们可以计算得到 2000~2007 年企业中间品关税率。图 5-1 描绘了样本期内企业中间品关税率及其标准差的变化趋势。从中可以看到，自 2000 年以来，企业中间品关税率整体上呈现出稳步下降的趋势，平均中间品关税率从 2000 年的 16.5% 下降至 2007 年的 7.5%。与此同时，企业中间品关税率的标准差也在不断下降，这表明不同企业之间的中间品关税率的差异程度在不断缩小，这反映了进口贸易自由化的典型特征，即平均保护率的下降以及保护率离散程度的下降。通过进一步比较还可以看出，上述变化趋势在 2001 年与 2002 年之间最为明显，其中，企业中间品关税率下降了 30.5%，这主要是因为中国在 2001 年底正式加入了 WTO，随后实行了大范围的进口关税减免。这为本章研究中间品进口自由化与企业加成率之间的关系，提供了难得的自然实验的机会。

---

① 其主要特点是使用企业的中间投入变量作为企业受到生产率冲击时的调整变量，此外，在后文的稳健性分析部分，我们还将采用奥莱-帕克斯方法（Olley，Pakes，1996）进行估计。这里没有给出莱文索恩和彼得林（Levinsohn，Petrin，2003）半参数法的具体估计步骤。

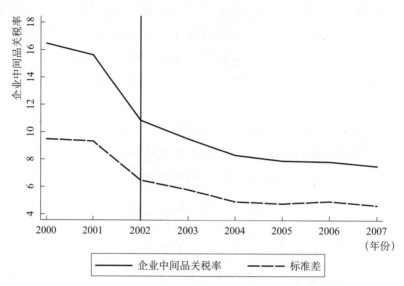

图 5 - 1　2000~2007 年企业中间品关税率的变化趋势

可以说，中国企业在 2000~2007 年经历了深刻的中间品进口自由化，另外，中国制造业企业的加成率在此期间也发生了显著变化。图 5 - 2 给出了中国制造业企业加成率随时间的变化情况。可以清晰地看到，企业加成率总体上呈现出逐年上升的趋势，具体而言，企业平均加成率由 2000 年的 1.26 上升至 2007 年的 1.40，这表明自 2000 年以来，中国制造业企业的成本加成定价能力在逐步增强。为了更深入地揭示企业加成率的变化趋势，我们将从事进口贸易的企业划分为两类：一般进口企业和加工进口企业。对一般进口企业和加工进口企业的加成率变动趋势也绘制在图 5 - 2 中，以便对二者进行直观比较。我们发现，两种类型企业的加成率水平及其变化趋势均存在显著差异。其中，一般进口企业的加成率水平明显高于加工进口企业。从变动趋势来看，一般进口企业的加成率整体上呈现不断上升的趋势，这种变化在中国加入 WTO 之后尤为明显；与此形成鲜明对比的是，加工进口企业的加成率则呈反向变动，在"入世"前，它与一般进口企业的加成率较为接近，不过在"入世"初期出现了明显下降，后又基本趋于平稳。

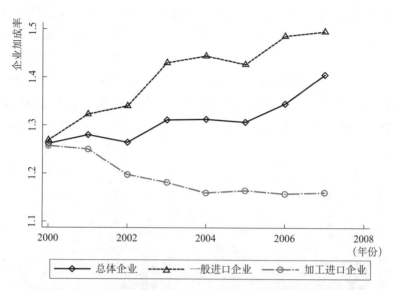

图5-2　企业加成率的变化趋势（一般进口企业与加工进口企业）

　　上述企业加成率的变动是在中间品进口自由化不断深化的背景下发生的，我们更为感兴趣的问题是，企业中间品关税下降与企业加成率变动之间存在怎样的关系？为了初步回答这一问题，我们先在图5-3（a）中绘制了企业平均中间品关税与企业平均加成率之间的散点图和拟合线，图中显示出二者之间存在明显的负向关系，这初步反映了企业中间品进口自由化有利于提高企业加成率。为了便于比较，图5-3（b）同时给出了两种类型（一般进口和加工进口）企业平均中间品关税与企业平均加成率之间的散点图。从中可以直观地看到，一般进口企业的中间品关税与加成率之间存在明显的负相关关系，即中间品进口自由化可以明显提高一般进口企业的加成定价能力；但相比之下，加工进口企业中二者之间的负向关系则较弱。

5.2.2　研究假说

　　本书认为，在改革开放初期，中国实行的是一种奖出限入的贸易政策。但自20世纪90年代以来，为了适应市场经济体制改革与融入多边贸易体制的需要，中国开始实施以削减关税税率和非关税壁垒为主要内

容的贸易自由化改革。这一阶段，中国的对外贸易体制也开始逐步地由
奖出限入为特征的单向出口贸易自由化向出口和进口双向贸易自由化转
变（江小涓，2008）。特别是在2001年年底正式加入WTO之后，中国
更是迎来了新一轮的进口贸易自由化浪潮。而在这期间，中间品进口自
由化尤其引人注目，企业平均中间品关税率从"入世"前的16.5%下降
至2007年的7.5%，降幅高达54.4%。

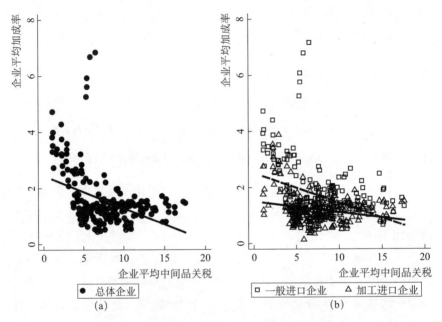

图5-3　中间品关税与企业加成率的散点图

如果市场是不完全竞争的，则对外贸易体制的演变与企业加成率及
市场竞争力之间存在密切的联系（Noria，2013）。通常而言，企业加成
率反映了产品价格对边际成本的偏离程度，表示为产品价格与边际生产
成本之比，任何改变产品价格和边际生产成本的因素至少会在短期内对
加成率产生作用（孙辉煌，韩振国，2010）。实际上，中间品进口自由
化会通过多种渠道影响企业的产品价格和边际生产成本，进而对企业的
成本加成定价能力产生影响。首先，中间品进口自由化会通过产品质量
升级的途径影响企业对产品的定价。这是因为，一方面，中间品关税率
下降的直接结果是导致企业所进口的中间投入品成本的降低，利润的增
加使得企业有更充足的资金更新过时的机器设备、进行人员培训以及开

展研发投资活动；另一方面，中间品关税的下降能使企业购买核心零部件及获得核心技术的机会增加，起到了技术转让的作用，会进一步激励企业加大对吸收和模仿国外先进技术的研发投入（Hu et al.，2005；Goldberg，Pavcnik，2007；田巍，余淼杰，2014）。而在一般情况下，研发投入的增长有利于企业实现产品质量的升级（Fernandes，Paunov，2013；施炳展，邵文波，2014）。除此之外，中间品关税减让还能导致进口中间品质量的提高（Bas，Strauss-Kahn，2012），而高质量的中间投入要素与企业生产的最终品质量之间存在正相关关系（Kugler，Ver-hoogen，2012）。由此可见，中间品进口自由化会通过多种途径直接或间接地提高企业的产品质量。而产品种类的质量越高，则它与市场中既有产品的差异化程度就越大，这样可以降低产品的需求弹性并增强企业自身的垄断势力，进而能够制定相对较高的价格水平。

中间品进口自由化会通过生产效率提升的途径，进而影响企业的边际生产成本。中间品进口自由化之所以能促进企业生产效率的提升，主要是由于在中间品关税削减之后，企业可以从国外获得更多样化和更高质量的中间投入品。例如，克列诺和罗德里格斯 - 克莱尔（Klenow，Rodriguez-Clare，1997）对哥斯达黎加的研究发现，贸易自由化显著增加了该国可进口的中间品种类，关税率每下降 1%，新进口品的种类将增加 0.5%。戈德堡等（Goldberg et al.，2010）对印度的研究发现，中间投入品关税减让使得印度企业获得了更多种类的中间投入品。具体而言，在中间品进口自由化阶段，印度进口的中间投入品种类增加了大约 2/3，而这些新进口的中间品多数又来自先进国家，通常比之前的进口品具有更高的单位价值或质量（Goldberg et al.，2011）。

很显然，进口中间投入品种类的增加与质量的提高有利于提升企业的生产效率。布罗达和温斯坦（Broda，Weinstein，2006）的研究指出，新进口的中间品种类能够显著增进社会福利，其中，生产效率提升的 15% 可以由其来解释。埃米蒂和科林斯（Amiti，Konings，2007）进一步发现，中间品进口自由化确实通过种类效应和多样性效应显著提高了印度尼西亚企业的生产效率，它对企业生产率的促进作用大约是最终品贸易自由化的两倍。哈尔彭等（Halpern et al.，2011）基于匈牙利的微观企业数据进行的一项研究也发现，进口投入品导致了企业生产率提高

14%，而其中将近 2/3 是由中间品种类增加贡献的。此外，卡萨哈拉和罗德里格（Kasahara，Rodrigue，2008）对智利的研究，托帕洛瓦和坎德维尔（Topalova，Khandelwal，2011）对印度的研究，也都验证了中间品种类的增加会明显改善企业生产效率。据此，我们可以预期，中间品进口自由化提高了企业生产效率。通常而言，生产效率又会影响企业的边际生产成本（Bernard et al.，2003；Melitz，Ottaviano，2008），即生产效率越高的企业，其边际生产成本越低，进而具有较高的加成率。

根据上述分析，我们提出以下两个待检验的研究假说：

假说1：在其他条件不变的情况下，中间品进口自由化有利于提高企业加成率。

假说2：中间品进口自由化主要通过产品质量升级和生产效率提升的渠道影响企业加成率。

很显然，在加入 WTO 之后，中国的对外贸易体制尤其是进口自由化程度发生了深刻变化。与此同时，中国内部的制度环境也发生了相应的变化，且总体上呈现出良好的发展趋势（樊纲等，2010），但中国各地区在制度环境方面仍然存在较大的差异。在学术界，越来越多的研究文献强调合约实施、产权保护等制度因素对企业行为及经济绩效的影响。尽管从理论上而言，中间品关税减让能够增加国内企业可获得的进口中间品种类（Grossman，Helpman，1991），但实际上，一些中间品的生产或多或少涉及专用性投资，合约的不完全性则会导致这部分专用性投资无法写入合约或向法庭等第三方证实，国外供应商就有可能在事后的再谈判过程中面临被"敲竹杠"（holdup）的风险（Hart，Moore，1990），其结果是国外中间品供应商对中间品生产的投资不足。一个可行的解决方法，是让国外中间品供应商与国内进口商（即买方）签订合约（Ahsan，2013）。

不过，合约能否得到有效执行则往往取决于一个地区的制度环境，即与那些位于制度环境较差地区的企业相比，在制度环境越完善的地区，买方企业相对更容易与国外中间品供应商之间达成合约关系。这主要是因为，法律争端的解决通常需要消耗一定的时间成本和物力成本，如果制度环境越好，那么，为其所支付的成本也就越低，因此，国外中间品供应商也就更愿意与制度环境较好地区的企业签订合约。于是，在中间品进口自由化之后，位于制度环境越好的地区的企业能够从中获得更广范围的进口中间品种类。此外，复杂度或质量越高的中间品往往具有高度差异化的特征，它们在生产过程中需要相对更多的专用性投资（Berkowitz et al. , 2006）。因此，在制度环境越完善的地区，企业可以通过与国外中间品供应商签订合约，进而在贸易自由化过程中获得这些高质量、多样性的中间品，而高质量和多样化的中间投入品有利于企业实现产品质量升级和生产效率提升，并最终反映到企业的成本加成定价能力上。综合以上分析，我们提出第三个待检验的研究假说：

假说 3：地区的制度环境强化了中间品进口自由化对企业加成率的提升作用。

5.3　模型、方法与数据

5.3.1　模型和方法

本章旨在考察中间品进口自由化对企业加成率的影响，如果直接采用传统的 OLS 方法进行估计，则很可能面临内生性问题的干扰。一方面，市场竞争力较差（表现为较低的加成率）的企业更有激励游说政府寻求政策保护，进而可能形成较高的关税保护率（田巍，余淼杰，2014），即反向因果关系会导致内生性。另一方面，一些不可观测的因素（如宏观经济波动）会同时影响关税制定和企业加成率，如果遗漏这些因素同样也会导致内生性问题。为了有效地识别中间品进口自由化对企业加成率的影响效应，我们拟引入一个新颖的自然实验进行研究。根据中国的贸易政策，海关对加工进口企业进口的原材料、零部件等中间品实行免关税，而对一般进口企业征收关税。中国加入 WTO 之后引发了大幅度的关税减免，见图 5 - 1。因此，一般进口企业面临的进口中间品关税率在 2001 年之后出现迅速下降；但加工进口企业由于长期享受免关税优惠政策，其面临的进口中间品关税率就基本不变。据此，我们可以把中国加入 WTO 的政策冲击视为一次自然实验，把制造业中从事进口贸易的企业划分为一般进口企业和加工进口企业两种类型，其中，将一般进口企业作为处理组，将加工进口企业作为对照组，构造如下倍差法回归模型：

$$\text{mkp}_{it} = \alpha_0 + \alpha_1 \text{Treatment}_i + \alpha_2 \text{WTOpost}_t + \alpha_3 \text{Treatment}_i$$
$$\times \text{WTOpost}_t + X'_{it}\gamma + v_j + v_k + \varepsilon_{it} \qquad (5-12)$$

在式（5-12）中，下标 i、j、k 和 t 分别表示企业、行业、地区和年份。mkp 表示企业加成率，其测算方法如本章第二节所示。二元虚拟变量 Treatment 取 1 时，表示一般进口企业，即处理组；取 0 时，表示加工进口企业，即对照组。WTOpost 为时间虚拟变量，其中，2001 年之后的年份取值为 1，2001 年及其之前的年份取值为 0。交叉项 Treatment × WTOpost 的估计系数 α_3，刻画了中间品进口自由化对企业加成率的因果影响。如果估计得到 $\alpha_3 > 0$，则意味着在中间品进口自由化前后，处理组企业加成率的提升幅度大于对照组企业，即中间品进口自由化提高了企业加成率，反之则表明中间品进口自由化降低了企业加成率。

X_{it} 为影响企业加成率的其他因素，具体包括：企业规模（size），采用企业销售额取对数来衡量，这里企业销售额采用了以 2000 年为基期的工业品出厂价格指数进行平减；企业年龄（age），用当年年份与企业开业年份的差来衡量；资本密集度（klratio），用固定资产与从业人员数的比值取对数来表示，其中，固定资产使用以 2000 年为基期的固定资产投资价格指数进行平减处理；企业出口密集度（expint），采用企业出口额与企业销售额的比值表示；国有企业虚拟变量（state）和外资企业虚拟变量（foreign），如果企业的所有制类型是国有企业（外资企业），则 state（foreign）取值为 1，否则为 0。此外，我们还控制了非观测的行业特征 v_j 和非观测的地区特征 v_k。

另外为了稳健起见，我们借鉴巴斯和斯特劳斯-卡恩（Bas，Strauss-Kahn，2012）的思路，将式（5-12）中的时间虚拟变量 WTOpost 替换为企业中间品关税率 τ_{it}^{input}，进而得到拓展的回归模型：

$$\text{mkp}_{it} = \beta_0 + \beta_1 \text{Treatment}_i + \beta_2 \tau_{it}^{\text{input}} + \beta_3 \text{Treatment}_i \times \tau_{it}^{\text{input}} +$$
$$X'_{it}\gamma + v_j + v_k + v_t + \varepsilon_{it} \qquad (5-13)$$

在式（5-13）中，τ_{it}^{input} 表示企业 i 的中间品关税率，由式（5-1）测算得到；v_t 表示年份特定效应；此外，其他变量的设定与式（5-12）相同。交叉项 $\text{Treatment}_i \times \tau_{it}^{\text{input}}$ 的估计系数是我们最感兴趣的，如果 $\beta_3 < 0$

且显著, 则表明中间品进口自由化提高了企业加成率。为了便于表述,
接下来, 我们将式 (5-13) 的拓展回归模型称为 B-S 倍差法模型。

5.3.2　数据

本章研究使用的样本数据主要有三个来源: 其一是产品层面的进口
关税数据; 其二是企业层面的生产数据; 其三是产品层面的海关贸易数
据。与前文一致, 我们借鉴余 (Yu, 2014) 的方法, 实现对这两套数据
库的合并。同样, 我们选取制造业进行研究, 即在原始样本中删除采矿
业、电力、燃气及水的生产和供应业数据。因为中国在 2002 年颁布了新
的《国民经济行业分类》并于 2003 年开始正式实施, 这里我们根据勃兰
特等 (Brandt et al., 2012) 对中国工业行业分类 (CIC) 4 位码进行了调
整。另外, 贸易中间商是专门从事进出口业务的, 其加成率受中间品进
口自由化的影响可能与其他生产型企业不同, 因此有必要在样本中剔除
贸易中间商。这里我们借鉴阿恩等 (Ahn et al., 2011) 的做法, 将海关
贸易数据库中的企业名称中包含 “进出口”“经贸”“贸易”“科贸”“外
经” 等字样的企业归属为贸易中间商, 并将其从本章的样本中剔除。最
后, 本章还进一步参照芬斯特拉等 (Feenstra et al., 2014)、余 (Yu,
2014) 的做法, 对异常样本进行删除, 最终得到 130422 个观测值。

5.4　估计结果与分析

5.4.1　基本估计结果

表 5-1 显示了中间品进口自由化对企业加成率的基本估计结果。
其中, 前 4 列采用式 (5-12) 的基准倍差法进行估计, 后 4 列则采用
式 (5-13) 的 B-S 倍差法进行估计。我们先来分析基准倍差法的估
计结果。其中, 第 (1) 列没有加入企业层面控制变量和其他固定效
应, 以此作为比较基础; 第 (2) 列加入了企业层面控制变量但未控制
其他固定效应; 第 (3) 列在此基础上控制了行业固定效应; 第 (4) 列

则进一步控制了地区固定效应。我们发现，对于本章重点关注的倍差法估计量 Treatment × WTOpost，它在各个回归中的系数符号和显著性水平没有发生根本性变化，说明本章的回归结果具有较好的稳定性。从表5 – 1的第（4）列完整的回归结果可以看到，倍差法估计量 Treatment × WTOpost 的系数符号为正且在 1% 水平上显著。这表明在控制了其他影响因素之后，与加工进口企业相比，一般进口企业的加成率在 WTO 之后显著提高了 0.25 个单位，即中间品进口自由化显著提高了企业成本加成定价能力。这初步支持了研究假设 1。

从控制变量的回归结果可以看到，规模越大的企业具有更高的加成率，这可能是因为规模越大的企业越有可能发挥规模经济优势以降低生产成本，进而具有更高的加成定价能力。年龄越大的企业其加成率越低，其可能的原因是，一方面，企业可能没有随着年龄增长有效地通过"干中学"提升生产效率水平；另一方面，年长的企业需要为资深员工支付高昂的工资从而面临更严重的财务负担，此外，年长企业的创新动力往往也较低，因此与新进入市场的企业相比表现出较低的加成率。资本密集度越大的企业具有较高的加成率，这是因为这类企业会更加重视设备更新和研发创新，进而有利于降低边际生产成本并提高加成率。出口密集度的回归系数显著为负，表明出口企业比内销企业具有相对更低的加成率，这与盛丹和王永进（2012）的研究结论是类似的，即中国企业存在低价出口悖论。此外，我们还发现国有企业具有较低的加成率，而外资企业虚拟变量的回归系数未能通过常规水平的显著性检验。

为了稳健起见，表 5 – 1 的第（5）列 ~ 第（8）列进一步显示了基于 B – S 倍差法模型的回归结果。我们发现，核心解释变量 Treatment × τ^{input} 的估计系数均为负且通过 1% 水平的显著性检验，这表明中间品关税减让显著地提高了企业的成本加成定价能力。具体而言，中间品关税率每下降 10%，可以使一般进口企业的加成率比加工进口企业多提高 0.1 个单位。这再次支持了研究假说 1。此外，各控制变量的系数符号和显著性水平与前 4 列结果相比没有发生实质性变化，说明回归结果具有较好的稳健性。

表 5 - 1　基本估计结果

变量	基准倍差法					B - S 倍差法		
	(1)	(2)	(3)	(4)	(5)	(6)	(7)	(8)
Treatment	0.0935*** (3.26)	-0.4147*** (-14.04)	-0.2503*** (-8.73)	-0.2751*** (-9.49)	0.3598*** (15.78)	-0.0883*** (-3.84)	0.0513** (2.37)	0.0529** (2.39)
WTOpost	-0.2188*** (-11.74)	-0.2695*** (-14.95)	-0.2516*** (-14.06)	-0.2733*** (-15.29)				
Treatment × WTOpost	0.2172*** (7.08)	0.2021*** (6.78)	0.2219*** (7.78)	0.2466*** (8.67)				
τ^{input}					0.0028*** (2.59)	0.0106*** (9.87)	0.0053*** (4.73)	0.0044*** (3.91)
Treatment × τ^{input}					-0.0086*** (-3.82)	-0.0137*** (-6.55)	-0.0106*** (-5.73)	-0.0110*** (-5.99)
size		0.3857*** (69.12)	0.3560*** (67.90)	0.3590*** (67.91)		0.3914*** (69.78)	0.3617*** (68.53)	0.3652*** (68.56)
age		-0.0295*** (-46.65)	-0.0254*** (-42.08)	-0.0255*** (-41.93)		-0.0299*** (-47.07)	-0.0256*** (-42.37)	-0.0257*** (-42.12)
klratio		0.1336*** (27.52)	0.1516*** (30.46)	0.1524*** (30.38)		0.1330*** (27.27)	0.1498*** (30.05)	0.1504*** (29.94)

续表

变量	基准倍差法				B－S倍差法			
	(1)	(2)	(3)	(4)	(5)	(6)	(7)	(8)
expint		-0.2526***	-0.2856***	-0.2499***		-0.2477***	-0.2803***	-0.2448***
		(-17.86)	(-19.76)	(-17.03)		(-17.61)	(-19.49)	(-16.77)
state		-0.4006***	-0.3174***	-0.3170***		-0.4370***	-0.3611***	-0.3640***
		(-14.84)	(-11.18)	(-11.00)		(-16.08)	(-12.67)	(-12.58)
foreign		-0.0121	-0.0178	0.0108		-0.0141	-0.0231*	0.0052
		(-0.95)	(-1.47)	(0.85)		(-1.11)	(-1.90)	(0.41)
常数项	1.2425***	-2.6803***	-2.4055***	-2.5875***	1.1400***	-2.9502***	-2.5692***	-2.7548***
	(72.15)	(-44.25)	(-12.15)	(-13.24)	(41.31)	(-45.01)	(-12.97)	(-14.09)
R^2	0.0058	0.1121	0.1889	0.1972	0.0066	0.1143	0.1904	0.1989
时间效应	No	No	No	No	Yes	Yes	Yes	Yes
行业效应	No	No	Yes	Yes	No	No	Yes	Yes
地区效应	No	No	No	Yes	No	No	No	Yes
观测值	130422	130422	130422	130422	130422	130422	130422	130422

注：括号内数值为纠正了异方差后的t统计量；***、** 和*分别表示1%、5%和10%的显著性水平。

5.4.2　中间品进口自由化与企业加成率：地区的制度环境重要吗？

从前文的基本估计结果得到，中间品进口自由化显著提高了企业加成率，但这一分析并未考虑进口企业所在地制度环境的差异。由于各地区在经济社会发展水平、对外开放程度、地理、历史以及文化政策等方面的差异，从而在制度环境方面也存在明显的差异。那么，中间品进口自由化对企业加成率的影响效应是否会因地区制度环境的不同而存在差异？为了对此进行实证检验，我们在基准倍差法模型的基础上引入地区制度环境变量（zhidu）以及三重交叉项（$Treatment \times WTOpost \times zhidu$），将其扩展为式（5 – 14）。同理，在 B – S 倍差法模型的基础上引入地区制度环境变量（zhidu）以及三重交叉项（$Treatment \times \tau^{input} \times zhidu$），将其进一步扩展为式（5 – 15）：

$$mkp_{it} = \alpha_0 + \alpha_1 Treatment_i + \alpha_2 WTOpost_t + \alpha_3 Treatment_i \times WTOpost_t +$$
$$\alpha_4 Treatment_i \times WTOpost_t \times zhidu_{kt} + \alpha_5 zhidu_{kt} +$$
$$X'_{it}\gamma + v_j + v_k + \varepsilon_{it} \qquad (5 – 14)$$

$$mkp_{it} = \beta_0 + \beta_1 Treatment_i + \beta_2 \tau_{it}^{input} + \beta_3 Treatment_i \times \tau_{it}^{input} +$$
$$\beta_4 Treatment_i \times \tau_{it}^{input} \times zhidu_{kt} + \beta_5 zhidu_{kt} + X'_{it}\gamma + v_j + v_k + \varepsilon_{it}$$
$$(5 – 15)$$

在式（5 – 14）和式（5 – 15）中，zhidu 表示地区的制度环境，与张杰等（2010）的方法类似，我们使用下式来进行计算：zhidu = marindex ×（1 – disindex），其中，marindex 表示市场化指数，数据来自樊纲等（2010）编制的《中国市场化指数报告》，disindex 表示市场分割指数，这里主要使用价格指数法来计算地区的市场分割程度（陆铭，陈钊，2009）。之所以从市场化指数与市场分割指数两个维度来构造制度环境变量，主要是基于以下两点考虑：首先，市场化指数中包含了合约实施和知识产权的度量，同时，它还涵盖了非国有化等其他方面的制度因素，而其他方面的制度因素也可能会对企业加成率产生影响。因此，选取"市场化指数"比选取"市场中介组织发育以及法律制度环境"作为本章地区制度环境的衡量所具备的优势体现为，可以进一步控制其他制度因素对企业加成率的影响。其次，本章进一步考虑市场分割指数是与研究主题有关。一方面,在合约实施制度越完善的地区,国外中间品供应商会倾向于与该地区企业签订合约并愿意提供更多数量的中间品;另一方面,在进口的中间品进入国内市场之后,企业能否顺畅地获得这些中间品还可能与地区市场分割程度有关,因为地区市场分割会阻碍生产要素与产品的自由流动,抬高运输成本和企业获得中间品的时间成本。

在式(5-14)中,三重交叉项 Treatment × WTOpost × zhidu 是我们最感兴趣的变量,用于考察中间品进口自由化对企业加成率的影响是否依赖于地区的制度环境。如果 $\alpha_4 > 0$ 且显著,说明二者在影响企业加成率方面存在互补性,即在制度越完善的地区,中间品进口自由化对企业加成率的促进作用就越大。类似的,在式(5-15)中,如果三重交叉项 Treatment × τ^{input} × zhidu 的估计系数显著为负,则表明地区的制度环境强化了中间品关税减让对企业加成率的促进作用。

表5-2的前两列报告了对式(5-14)的估计结果。其中,第(1)列不加入企业层面的控制变量,结果显示,三重交叉项(Treatment × WTOpost × zhidu)的估计系数为正且通过5%水平的显著性检验,表明在制度越完善的地区,中间品进口自由化对企业加成率的提升作用就越大,即初步印证了研究假设3。第(2)列在此基础上进一步控制了企业层面的其他影响因素,发现三重交叉项(Treatment × WTOpost × zhidu)的估计系数依然显著为正,这再次表明,地区的制度环境强化了中间品进口自由化对企业加成率的提升作用。此外我们也注意到,在引入地区制度环境变量以及三重交叉项之后,倍差法估计量 Treatment × WTOpost 的估计系数为负但不显著。这意味着,在制度环境较差的地区,中间品进口自由化未能对企业加成率产生明显影响。这也进一步印证了研究假设3。

为了更清晰地展示以上估计结果,我们进一步计算中间品进口自由化对企业加成率的边际效应,即,$\partial mkp_{it} / \partial (Treatment_i \times WTOpost_t) = \alpha_3 + \alpha_4 zhidu_{kt}$,结合表5-2的第(2)列的回归结果和实际样本数据,我们将中间品进口自由化对企业加成率的边际影响的预测值绘制在图5-4(a)中。从图5-4(a)可以直观地看出,当地区的制度环境指数较低时,中间品进口自由化的边际效应趋近于0轴,即中间品进口自由化对处于制度较差地区中的企业加成率的影响较为微弱。随着地区制度环境指数的逐步提高，中间品进口自由化的边际效应越来越大，说明中间品进口自由化对企业加成率的提升效应确实与地区的制度环境有关。

表 5 - 2　　　　中间品进口自由化、制度环境与企业加成率

变量	基准倍差法		B - S 倍差法	
	(1)	(2)	(3)	(4)
Treatment	- 0.0364	- 0.3100***	0.3253***	0.0354
	(- 1.22)	(- 10.42)	(14.29)	(1.60)
WTOpost	- 0.1058***	- 0.0283		
	(- 4.14)	(- 1.15)		
Treatment × WTOpost	0.1708**	- 0.0580		
	(2.41)	(- 0.85)		
τ^{input}			0.0003	0.0035***
			(0.25)	(2.98)
Treatment × τ^{input}			- 0.0031***	- 0.0032***
			(- 3.47)	(- 3.64)
Treatment × WTOpost × zhidu	0.0174**	0.0396***		
	(2.34)	(5.53)		
Treatment × τ^{input} × zhidu			- 0.0013*	- 0.0014**
			(- 1.88)	(- 2.03)
zhidu	0.0173***	0.0325***	0.0046	0.0369*
	(8.20)	(15.93)	(0.24)	(1.95)
size		0.3638***		0.3649***
		(68.26)		(68.36)
age		- 0.0254***		- 0.0256***
		(- 41.58)		(- 41.67)
klratio		0.1523***		0.1514***
		(30.19)		(29.99)
expint		- 0.2502***		- 0.2461***
		(- 17.05)		(- 16.81)
state		- 0.3552***		- 0.3746***
		(- 12.36)		(- 12.98)
foreign		0.0078		0.0040
		(0.61)		(0.31)
常数项	1.6101***	- 1.8988***	1.1341***	- 2.9204***
	(7.81)	(- 9.53)	(4.92)	(- 13.10)
R^2	0.1173	0.1988	0.1174	0.1989
时间效应	No	No	Yes	Yes
行业效应	Yes	Yes	Yes	Yes
地区效应	Yes	Yes	Yes	Yes
观测值	129120	129120	129120	129120

注：括号内数值为纠正了异方差后的 t 统计量；***、** 和 * 分别表示 1%、5% 和 10% 的显著性水平。

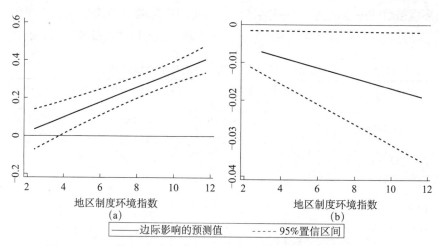

图 5-4　中间品进口自由化对处于不同制度环境企业加成率的边际影响

从对式（5-15）的估计结果（表5-2的后两列）可以看到，三重交叉项 Treatment $\times \tau^{\text{input}} \times$ zhidu 的估计系数显著为负，表明在制度越完善的地区，中间品关税减让对企业加成率的促进作用越大，即地区的制度环境确实强化了中间品进口自由化对企业加成率的提升效应。同样的，我们依照 $\partial \ \text{mkp}_{it} / \partial \ (\text{Treatment}_i \times \tau_{it}^{\text{input}}) = \beta_3 + \beta_4 \text{zhidu}_{kt}$，并结合表5-2的第（4）列的回归结果和样本实际数据计算了中间品关税减让对企业加成率的边际效应，将预测值绘制在图5-4（b）中。从中可以看出，边际效应的预测值曲线明显地向右下方倾斜。当地区的制度环境指数越低时，企业中间品关税的边际效应越接近于0轴，而随着制度环境指数的增大，企业中间品关税的边际效应的绝对值越大，即中间品关税减让对企业加成率的提升效应越大。因此，研究假设3在此得到了进一步的印证。

5.4.3　动态效应检验

前文通过倍差法模型进行估计得到，与加工进口企业相比，一般进口企业的加成率在加入 WTO 之后得到了显著提高，但这种影响只是平均意义上的。因此，也就难以反映中间品进口自由化对企业加成率的影响效应是否存在时滞以及中间品进口自由化对企业加成率的提升作用是否具有持续性特征，而这同样也是我们感兴趣的研究问题。为了检验中间品进口自由化对企业加成率的动态影响，我们将基准倍差法模型（5 – 12）扩展为如下形式：

$$\text{mkp}_{it} = \alpha_0 + \alpha_1 \text{Treatment}_i + \alpha_2 \text{WTOpost}_t + \sum_{q=2002}^{2007} \lambda_q \text{Treatment}_i \times \text{WTOpost}_t$$
$$\times \text{YR}^q + X'_{it}\gamma + v_j + v_k + \varepsilon_{it} \tag{5 – 16}$$

在式（5 – 16）中，YR^q 为年度虚拟变量，其赋值方法为，在第 q 年 YR^q 取值为 1，其他年份取值为 0。三重交叉项 $\text{Treatment} \times \text{WTOpost} \times \text{YR}^q$ 的回归系数 λ_q 衡量了在第 q 年，中间品进口自由化对企业加成率的动态影响。

中间品进口自由化对企业加成率的动态效应检验结果，显示在表5 – 3 中。为了稳健起见，我们没有在表5 – 3 中的第（1）列加入企业层面控制变量和控制其他固定效应，第（2）列加入了企业层面控制变量但未控制其他固定效应，第（3）列在此基础上控制了行业固定效应，第（4）列则进一步控制了地区固定效应。通过逐步回归发现，三重交叉项 $\text{Treatment} \times \text{WTOpost} \times \text{YR}^q$ 的系数符号和显著性均没有发生实质性变化，具有较好的稳定性。

接下来，我们以表5 – 3 中的第（4）列最为完整的回归结果为例进行分析。从中可以看出，不同年份的三重交叉项均显著为正，表明中间品进口自由化对企业加成率的提升效应具有持续性特征。通过进一步比较可以看出，在中国加入 WTO 后的第二年，中间品进口自由化对企业加成率的提升作用达到最大。具体而言，与进口加工企业相比，一般进口企业的加成率在"入世"后第二年显著提高了 0.34 个单位。不过，这一正向影响效应在中国加入 WTO 后的第三年开始逐渐下降。

图 5 – 5 更为直观地展示了中间品进口自由化对企业加成率的动态影响过程，可以清晰地看出，中间品进口自由化对企业加成率的提升作用在 2003 年（即"入世"之后的第二年）达到最大，影响强度呈现出先上升、后下降的明显的倒"U"形动态变化特征，不过在本章的样本期内，中间品进口自由化对企业加成率均具有正向的作用。中间品进口自由化对企业加成率的影响强度之所以存在倒"U"形，对此可能的解释是：一方面，在"入世"冲击发生之后，企业可获得的中间品种类增加，但这需要一定时间才能影响企业的生产效率和产品质量，[①] 并最

---

① 在本章第五节，我们对中间品贸易自由化影响企业加成率的机制进行了深入检验。

终提高企业加成率；另一方面，随着时间的推移尤其是进入 2004 年以来，中间品关税率的下降幅度逐渐变小，如图 5 - 5 所示，因此，此时中间品进口自由化对企业加成率的影响就较为有限。

表 5 - 3　　　　　　　　　　动态效应检验结果

变量	(1)	(2)	(3)	(4)
Treatment	0.0935***	- 0.4129***	- 0.2487***	- 0.2727***
	(3.26)	(- 13.98)	(- 8.67)	(- 9.41)
WTOpost	- 0.2188***	- 0.2701***	- 0.2523***	- 0.2741***
	(- 11.74)	(- 14.99)	(- 14.10)	(- 15.34)
Treatment × WTOpost × YR^{2002}	0.2308***	0.2474***	0.2627***	0.2822***
	(5.72)	(6.35)	(7.02)	(7.56)
Treatment × WTOpost × YR^{2003}	0.3231***	0.3132***	0.3212***	0.3442***
	(8.24)	(8.30)	(8.93)	(9.60)
Treatment × WTOpost × YR^{2004}	0.2025***	0.2516***	0.2674***	0.2926***
	(5.78)	(7.44)	(8.30)	(9.11)
Treatment × WTOpost × YR^{2005}	0.1823***	0.1809***	0.2020***	0.2297***
	(5.27)	(5.42)	(6.37)	(7.27)
Treatment × WTOpost × YR^{2006}	0.1909***	0.1534***	0.1716***	0.1978***
	(5.56)	(4.62)	(5.42)	(6.26)
Treatment × WTOpost × YR^{2007}	0.2206***	0.1217***	0.1515***	0.1749***
	(6.19)	(3.56)	(4.65)	(5.37)
size		0.3877***	0.3582***	0.3611***
		(69.32)	(68.06)	(68.05)
age		- 0.0295***	- 0.0254***	- 0.0255***
		(- 46.58)	(- 42.02)	(- 41.84)
klratio		0.1328***	0.1512***	0.1520***
		(27.32)	(30.35)	(30.29)
expint		- 0.2501***	- 0.2833***	- 0.2482***
		(- 17.69)	(- 19.63)	(- 16.93)
state		- 0.4159***	- 0.3317***	- 0.3302***
		(- 15.32)	(- 11.64)	(- 11.43)
foreign		- 0.0134	- 0.0191	0.0096
		(- 1.06)	(- 1.57)	(0.75)
常数项	1.2425***	- 2.6980***	- 2.4246***	- 2.6074***
	(72.15)	(- 44.44)	(- 12.31)	(- 13.41)
R^2	0.0061	0.1126	0.1893	0.1976
行业效应	No	No	Yes	Yes
地区效应	No	No	No	Yes
观测值	130422	130422	130422	130422

注：括号内数值为纠正了异方差后的 t 统计量；***、** 和 * 分别表示 1%、5% 和 10% 的显著性水平。

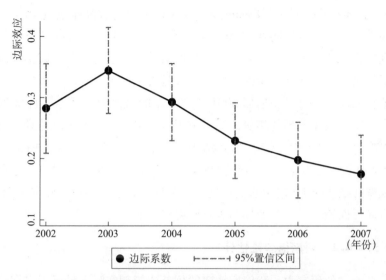

图 5-5　中间品进口自由化对企业加成率的动态影响

5.4.4　稳健性分析

本章研究得到的一个重要的结论是，中间品进口自由化显著提高了企业加成率。为了保证这一结果的可靠性和稳定性，下面，我们将从 7 个方面进行稳健性检验。

5.4.4.1　同趋势性假设检验

本章主要采用倍差法来考察中间品进口自由化对企业加成率的影响效应，但该方法的有效性还取决于同趋势性假设是否得到满足。所谓同趋势性假设是指，在没有外来政策干预的情况下，处理组与对照组的结果变量应沿着相同的轨迹变动。接下来，我们对这一假设进行检验，具体的思路是，选取中国加入 WTO 之前的样本（即 2000~2001 年），以 2000 年作为政策干预的年份并采用式（5-12）的基准倍差法模型重新进行估计。① 同趋势性假设的检验结果显示在表 5-4 的第（1）列，我

---

① 由于在 2000 年中国尚未加入 WTO 和出现大幅度关税下降，因此，这一检验也称为"安慰剂检验"（placebo test）。

们发现，倍差法估计量 Treatment × WTOpost 的系数没能通过 10% 水平的显著性检验，这表明在"入世"冲击发生之前，一般进口企业与加工进口企业的加成率变动满足同趋势性假设。不过，对此回归结果的一个疑问是，倍差法估计量的系数不显著是否由样本量减少所致？为了降低这种顾虑，下面，我们以 2001～2002 年的观测值为样本，且将 2001 年作为实际政策干预的年份，进而采用基准倍差法模型进行估计，结果报告在表 5 - 4 的第（2）列。结果显示，倍差法估计量 Treatment × WTOpost 的系数显著为正，表明与加工进口企业相比，一般进口企业的加成率在加入 WTO 之后确实得到了显著提高，这一结论与样本量无关。这也从反面验证了本章的样本满足同趋势性假设。

5.4.4.2 两期倍差法估计

在前文的研究中，我们所构建的倍差法模型实际上是属于多期倍差法（multi-period）。然而，根据贝特兰德等（Bertrand et al.，2004），多期倍差法往往存在序列相关问题，进而可能会高估倍差法估计量的显著性水平。为了处理序列相关问题，这里我们构建两期倍差法模型（two-period）进行稳健性分析。具体的，我们将样本期划分为 WTO 之前阶段（2000～2001 年）和 WTO 之后阶段（2002～2007 年），在每一阶段，对每一家企业的变量求算术平均值。两期倍差法的估计结果显示在表 5 - 4 的第（3）列，结果显示，与多期倍差法的回归结果类似，倍差法估计量 Treatment × WTOpost 的系数显著为正，再次表明中间品进口自由化显著提高了企业加成率。

5.4.4.3 企业加成率的其他度量方法

在前文研究中，我们采用生产函数法测算企业加成率，并且在进行生产函数法测算时，是利用莱文索恩和彼得林（Levinsohn，Petrin，2003）的半参数法（简称"LP 法"）对生产函数进行估计进而得到可变要素的产出弹性 $\hat{\vartheta}_{it}^{Xv}$。为了稳健起见，这里我们还利用奥莱和帕克斯（Olley，Pakes，1996）方法（简称"OP 法"）[1] 估计生产函数，将得到的可变

---

① 其主要特点是使用投资作为企业受到生产率冲击时的调整变量。

表 5-4　稳健性检验结果

变量	同趋势性检验		两期倍差	mkp 的其他衡量		企业中间品关税的其他衡量	控制最终品关税		使用行业中间品关税	PSM-DID	
	(1)	(2)	(3)	(4)	(5)	(6)	(7)	(8)	(9)	(10)	(11)
Treatment	-0.1018**	-0.1352***	-0.2444***	-0.2541***	0.0732***	0.0429**	-0.3081***	0.0440**		-0.0972**	0.0405*
	(-2.01)	(-2.75)	(-7.17)	(-8.18)	(2.74)	(2.01)	(-10.64)	(1.99)		(-2.15)	(1.78)
WTOpost	-0.0262	-0.0967***	-0.2618***	-0.2260***			-0.2564***			-0.1805***	
	(-0.79)	(-2.98)	(-12.25)	(-13.71)			(-12.12)			(-4.59)	
Treatment × WTOpost	0.0369	0.1128**	0.2516***	0.2359***			0.2631***			0.1404**	
	(0.70)	(2.20)	(7.44)	(7.76)			(9.25)			(2.18)	
size	0.3185***	0.3256***	0.3593***	0.3766***	0.3820***	0.3650***	0.3544***	0.3629***	0.3919***	0.3200***	0.3339***
	(23.56)	(24.09)	(48.23)	(64.80)	(65.53)	(68.54)	(65.94)	(68.13)	(68.42)	(29.47)	(30.42)
age	-0.0221***	-0.0215***	-0.0244***	-0.0276***	-0.0277***	-0.0257***	-0.0250***	-0.0255***	-0.0289***	-0.0242***	-0.0199***
	(-14.29)	(-15.96)	(-27.98)	(-39.86)	(-39.88)	(-42.10)	(-40.65)	(-41.57)	(-44.56)	(-12.65)	(-10.41)
klratio	0.1311***	0.1332***	0.1470***	0.1546***	0.1526***	0.1503***	0.1516***	0.1524***	0.1222***	0.1628***	0.1590***
	(10.04)	(10.43)	(21.44)	(29.26)	(28.89)	(29.93)	(30.43)	(31.14)	(25.69)	(15.05)	(14.78)
expint	-0.3002***	-0.3339***	-0.2566***	-0.2344***	-0.2290***	-0.2450***	-0.2638***	-0.2378***	-0.1255***	-0.2665***	-0.2684***
	(-6.57)	(-7.71)	(-12.22)	(-15.86)	(-15.54)	(-16.78)	(-17.79)	(-16.29)	(-9.29)	(-7.47)	(-7.56)
state	-0.3027***	-0.2722***	-0.3047***	-0.3607***	-0.4036***	-0.3648***	-0.2911***	-0.3596***	-0.3996***	-0.3564***	-0.4197***
	(-6.19)	(-5.36)	(-7.51)	(-10.55)	(-11.77)	(-12.61)	(-9.94)	(-12.31)	(-13.87)	(-3.45)	(-4.03)

续表

变量	同趋势性检验		两期倍差	mkp 的其他衡量		企业中间品关税的其他衡量	控制最终品关税		使用行业中间品关税	PSM-DID	
	(1)	(2)	(3)	(4)	(5)	(6)	(7)	(8)	(9)	(10)	(11)
foreign	0.0784*	0.1003**	0.0098	0.0042	-0.0008	0.0048	0.0150	0.0024	0.0410***	0.0145	0.0043
	(1.87)	(2.52)	(0.56)	(0.29)	(-0.06)	(0.38)	(1.17)	(0.19)	(3.07)	(0.46)	(0.31)
τ^{input}					0.0035***	0.0034***		0.0047***			0.0032**
					(2.75)	(3.31)		(4.23)			(2.48)
Treatment $\times \tau^{input}$					-0.0123***	-0.0101***		-0.0107***			-0.0090***
					(-4.99)	(-5.77)		(-5.83)			(-3.34)
τ_j^{input}									-0.0055***		
									(-2.67)		
τ_j^{output}							0.0022	-0.0024	0.0017*		
							(1.35)	(-0.85)	(1.85)		
常数项	-3.4818***	-3.1383***	-2.3236***	-2.7610***	-2.9058***	-2.7385***	-2.6479***	-2.9832	-3.3680***	-2.2147***	-2.2589***
	(-18.86)	(-14.26)	(-9.10)	(-12.86)	(-13.51)	(-14.01)	(-14.52)	(-0.01)	(-46.10)	(-9.70)	(-9.65)
R²	0.1229	0.1330	0.1988	0.2389	0.2400	0.1988	0.1966	0.1985	0.1991	0.2315	0.2380
时间效应	No	No	No	No	Yes	Yes	No	Yes	Yes	No	Yes
行业效应	Yes	Yes	Yes	Yes	Yes	Yes	Yes	Yes	Yes	Yes	Yes
地区效应	Yes	Yes	Yes	Yes	Yes	Yes	Yes	Yes	Yes	Yes	Yes
观测值	21346	23817	60719	130422	130422	130422	130422	130422	130422	10066	10066

注:括号内数值为纠正了异方差后的 t 统计量,***、** 和* 分别表示 1%、5% 和 10% 的显著性水平。

要素产出弹性代入式（5 - 11）计算新的企业加成率指标 $mkp^{dlw\text{-}OP}$。以 $mkp^{dlw\text{-}OP}$ 作为被解释变量的基准倍差法模型估计结果显示在表 5 - 4 的第（4）列。从中可以看到，倍差法估计量 Treatment × WTOpost 的系数符号为正且通过 1% 水平的显著性检验，再次表明中间品进口自由化有利于提高企业加成率。此外，表 5 - 4 的第（5）列还显示了以 $mkp^{dlw\text{-}OP}$ 作为被解释变量的 B - S 倍差法模型的回归结果，发现交叉项 Treatment × τ^{input} 的估计系数显著为负，即表明中间品关税减让显著提高了企业加成率，这与之前的基本估计结果是一致的。

5.4.4.4　企业中间品关税的另一种度量

前文 B - S 倍差法模型中的企业中间品关税变量在测算时所利用的权重是依年份变化的，见式（5 - 1），但使用这种方法进行测算会面临潜在的内生性问题，即产品进口关税率变动可能会对企业所进口的中间品组合产生反向影响，进而作用于权重（某产品占企业中间品总进口的比重）。为了解决这一内生性问题，这里借鉴巴斯和斯特劳斯 - 卡恩（Bas，Strauss-Kahn，2012）的做法，采用固定的权重 α_{il}[①] 测算企业中间品关税。接下来，利用新测算的企业中间品关税代入 B - S 倍差法模型（5 - 13）重新进行估计，表 5 - 4 的第（6）列报告了回归结果，它和前文的基本估计结果保持一致，即中间品关税减让显著提高了企业加成率。

5.4.4.5　控制最终品关税减让的可竞争效应

前文在考察中间品进口自由化对企业加成率的影响时均未控制行业最终品关税（τ_{jt}^{output}）减让的可竞争效应，不过，我们在计量回归时都控制了行业特定效应，而行业最终品关税的变动会在很大程度上被行业特定效应所吸收。作为一种稳健性检验，这里我们进一步将行业最终品关税（τ_{jt}^{output}）加入基准倍差法模型（5 - 12）和 B - S 倍差法模型（5 - 13）中重新进行估计，结果分别显示在表 5 - 4 的第（7）列和第（8）列。从中可以看到，在控制行业最终品关税减让的可竞争效应之后，本章的核心解释变量（Treatment × WTOpost 和 Treatment × τ^{input}）的

---

① 由整个样本期间内产品 l 的进口占企业 i 中间品总进口的比重来衡量。

估计系数没有发生根本性变化，即中间品进口自由化显著提高企业加成率这一结论依然成立。

5.4.4.6   使用行业层面的中间品关税与最终品关税

截至目前，我们均是构建倍差法模型进行实证检验，并且在利用 B－S 倍差法模型时还测算了企业层面的中间品关税。而之前研究贸易自由化与企业行为的实证文献大多采用行业层面的中间品关税和最终品关税进行 OLS 估计，如埃米蒂和科林斯（Amiti，Konings，2007）、阿赫桑（Ahsan，2013）等。作为最后一个稳健性检验，下面，我们也直接将行业中间品关税（τ_{jt}^{input}）和行业最终品关税（τ_{jt}^{output}）纳入企业加成率的影响因素模型，具体形式如下：

$$mkp_{it} = \alpha_0 + \alpha_1 \tau_{jt}^{input} + \alpha_2 \tau_{jt}^{output} + X'_{it}\gamma + v_j + v_k + v_t + \varepsilon_{it} \quad (5-17)$$

对式（5－17）进行 OLS 估计的回归结果显示在表 5－4 的第（9）列。结果显示，行业中间品关税的估计系数显著为负，表明中间品进口自由化显著提高了企业加成率，这与前文由倍差法模型估计所得的基本结论是一致的。而行业最终品关税的估计系数显著为正，即行业最终品关税减让的可竞争效应对企业加成率具有抑制作用，这与德·勒克尔等（De Loecker et al.，2012）对印度的研究结论较为类似。

5.4.4.7   PSM－DID 方法估计

倍差法估计结果的可靠性，还可能与对照组企业的选择有关。作为稳健性检验，接下来，我们采用基于倾向得分匹配的倍差法（PSM－DID）进行估计。具体的，我们将"入世"前（即 2001 年及之前年份）贸易方式为加工进口但"入世"之后为一般进口的企业作为处理组，将"入世"前后贸易方式均为加工进口的企业作为备选对照组。然后，采用最近邻匹配（nearest neighbor matching）方法为处理组企业从备选对照组中寻找最相近的对照组企业。我们选取的匹配变量 X_{it-1} 包括企业规模（size）、企业年龄（age）、资本密集度（klratio）、企业生产率（tfp）[①]、企业出口密集度（expint）、国有企业虚拟变量（state）和外资

---

① 采用莱文索恩和彼得林（Levinsohn，Petrin，2003）的半参数方法进行测算。

企业虚拟变量（foreign）。接下来，采用 probit 方法估计以下模型：$P = Pr \{Ord_{it} = 1\} = \Phi \{X_{it-1}\}$，其中，$Ord_{it}$ 为进口贸易方式虚拟变量，若企业 i 在 t 期采用一般贸易方式进口，则 Ord_{it} 取值为 1，若采用加工贸易方式进口，则取值为 0。进行 probit 估计后可以得到概率预测值 $\hat{P}$，为了方便起见，我们用 $\hat{P}_i$ 和 $\hat{P}_j$ 分别表示处理组和对照组的概率预测值（或倾向得分），最近邻匹配的原则可表示为：$\Omega(i) = \min_j \| \hat{P}_i - \hat{P}_j \|$，$j \in (Ord = 0)$。这里，$\Omega(i)$ 表示与处理组企业相对应地来自对照组企业的匹配集合，并且对于每个处理组 i，仅有唯一的对照组 j 落入集合 $\Omega(i)$。而本章最终用于实证研究的样本，包含所有的处理组企业 i 和配对后的对照组企业 $j \in \Omega(i)$。

　　在进行上述最近邻倾向得分匹配之后，我们利用匹配后的样本进行倍差法估计，得到回归结果显示在表 5-4 的最后两列。① 从表中可以看到，表 5-4 的第（10）列、第（11）列的回归结果分别与表 5-1 的第（4）列、第（8）列的回归结果基本相似，特别是倍差法估计量（Treatment × WTOpost、Treatment × τ^{input}）的系数符号和显著性水平没有发生实质性变化，即再次表明中间品进口自由化显著地提高了企业成本加成定价能力。以上 PSM-DID 估计结果意味着，潜在的样本选择性偏差并未对本章的估计结果带来实质性影响，即本章的核心结论具有较好的稳健性。

5.5　中间品进口自由化影响企业加成率的机制检验

5.5.1　中介效应模型与指标度量

　　前文通过倍差法模型细致地考察了中间品进口自由化对企业加成率的微观效应，发现中间品进口自由化显著地提高了企业的成本加成定价

---

　　① 　为了确保匹配结果的可靠性，我们进行了匹配平衡性检验，结果发现，在匹配后各匹配变量的标准偏差的绝对值均小于 20%，而且处理组企业与对照组企业在所有的可观测特征上均不存在显著差异，这说明本章对匹配变量和匹配方法的选取是恰当的。

能力。那么，我们会进一步考虑，中间品进口自由化究竟如何提高了企业加成率？为了更深入地揭示中间品进口自由化与企业加成率之间的内在关系，接下来，我们将通过构建中介效应模型对其中可能的传导机制进行实证检验。结合本章第二节的理论分析，我们选择产品质量（quality）和生产效率（efficiency）作为中介变量。[①] 中介效应模型的基本程序分三步进行：首先，将因变量对基本自变量进行回归；其次，将中介变量（产品质量和生产效率）对基本自变量进行回归；最后，将因变量同时对基本自变量和中介变量进行回归。据此，本章完整的中介效应模型由以下四组方程组构成：

$$mkp_{it} = a_0 + a_1 Treatment_i + a_2 WTOpost_t + a_3 Treatment_i \times WTOpost_t$$
$$+ X'_{it}\gamma + v_j + v_k + \varepsilon_{it} \tag{5-18}$$

$$quality_{it} = b_0 + b_1 Treatment_i + b_2 WTOpost_t + b_3 Treatment_i \times WTOpost_t$$
$$+ X'_{it}\gamma + v_j + v_k + \varepsilon_{it} \tag{5-19}$$

$$efficiency_{it} = c_0 + c_1 Treatment_i + c_2 WTOpost_t + c_3 Treatment_i \times WTOpost_t$$
$$+ X'_{it}\gamma + v_j + v_k + \varepsilon_{it} \tag{5-20}$$

$$mkp_{it} = d_0 + d_1 Treatment_i + d_2 WTOpost_t + d_3 Treatment_i \times WTOpost_t$$
$$+ \varphi \times quality\_ex_{it} + \lambda \times efficiency_{it} + X'_{it}\gamma + v_j + v_k + \varepsilon_{it}$$
$$\tag{5-21}$$

在式（5-18）~式（5-20），下标 i、j、k 和 t 分别表示企业、行业、地区和年份；与前文类似，Treatment 为二元虚拟变量，取 1 时表示一般进口企业，否则为加工进口企业；WTOpost 为时间虚拟变量，其中，在 2001 年之后的年份取值为 1。$efficiency_{it}$ 表示企业 i 在第 t 年的生产效率，用 LP 法测算得到的企业全要素生产率来表示。[②] $quality_{it}$ 表示企业 i 在第 t 年的产品质量，它的测算过程分三步进行：第一步，计算企业—国家—产品层面的产品质量。根据热尔韦（Gervais，2013）和施炳展（2013），给定某个海关 HS8 位码产品，将企业 i 在 t 年对 c 国的出口产

[①] 需要说明的是，本节主要根据企业加成率的定义以及结合中间品贸易自由化的相关文献，选择产品质量和生产效率作为中介变量进行检验。当然，除了这两个渠道之外，中间品贸易自由化还可能通过其他方式对企业加成率产生影响。因此，如何更深入、全面地挖掘中间品贸易自由化影响企业加成率的更多渠道，仍然是未来进一步研究的方向。

[②] 此外，我们也尝试用 OP 法测算得到的企业全要素生产率来衡量生产效率，发现本节的检验结果十分相似。

品数量表示为：$q_{icht} = p_{icht}^{-\sigma} \lambda_{icht}^{\sigma-1} (Y_{ct}/P_{ct})$。对该式取对数并经整理可得到：

$$\ln q_{icht} = \phi_{ct} - \sigma \ln p_{icht} + \varepsilon_{icht} \qquad (5-22)$$

需要说明的是，式（5-22）是在产品层面进行回归，这样就自然而然地控制了产品特征。$\phi_{ct} = \ln Y_{ct} - \ln P_{ct}$ 表示国家—时间维度的固定效应，可用来控制仅随进口国变化的特征变量（如地理距离）、仅随时间变化的特征变量（如人民币汇率变动）以及同时随进口国和时间变化的特征变量（如进口国的 GDP 和价格指数）。$\varepsilon_{icht} = (\sigma-1) \ln \lambda_{icht}$ 表示包含产品质量信息的残差项。此外，q_{icht} 和 p_{icht} 分别表示企业出口产品的数量和价格。对式（5-22）进行估计，可以得到产品质量表达式：$qual_{icht} = \ln \hat{\lambda}_{icht} = \hat{\varepsilon}_{icht} / (\sigma-1) = (\ln q_{icht} - \ln \hat{q}_{icht}) / (\sigma-1)$。然后，对以上产品质量指数进行标准化处理，即 $rqual_{icht} = (qual_{icht} - qual_{icht}^{min}) / (qual_{icht}^{max} - qual_{icht}^{min})$，其中，$qual_{icht}^{min}$ 和 $qual_{icht}^{max}$ 表示对每一种 HS8 位码产品，在企业—国家—时间维度分别求最小值和最大值。最后，将企业—国家—产品层面的相对产品质量（$rqual_{icht}$）加总至企业层面，加总方法为：$quality_{it} = \sum_{ch \in \Theta_{it}} ((v_{icht} / \sum_{ch \in \Theta_{it}} v_{icht}) \times rqual_{icht})$，其中，$quality_{it}$ 表示企业层面的产品质量，Θ_{it} 表示企业 i 在 t 年的出口产品和目的地集合，v_{icht} 表示样本的价值量。

5.5.2　影响机制检验

表 5-5 显示了中间品进口自由化对企业加成率的影响机制检验结果。其中，表 5-5 的第（1）列是对基准倍差法模型（5-18）的估计结果，[1] 与本章第四节的基本回归结果类似，倍差法估计量 Treatment × WTOpost 的估计系数显著为正，再次表明中间品进口自由化显著提高了企业加成率。表 5-5 的第（2）列和第（3）列是分别对式（5-19）和式（5-20）进行估计的结果。此外，为了稳健起见，我们将中介变量 quali-

---

① 实际上，表 5-5 的第（1）列是重复表 5-1 的第（4）列的回归，只不过是将回归样本调整至与表 5-5 中的其余回归相同，以便更好地进行中介效应模型检验。可以看到，表 5-5 中的观测值少于表 5-1 的基本回归，这主要是因为我们在测算产品质量时剔除了一些异常样本。异常样本的剔除过程，可参见施炳展（2013）。

ty 和 efficiency 分别代入式（5 – 18）中进行估计，结果分别列于表 5 – 5 的第（4）列和第（5）列。最后，表 5 – 5 的第（6）列进一步显示了同时加入中介变量 quality 和 efficiency，即式（5 – 21）的估计结果。

表 5 – 5 影响机制检验结果

变量	mkp	quality	efficiency	mkp	mkp	mkp
	(1)	(2)	(3)	(4)	(5)	(6)
Treatment	– 0. 2637***	0. 0178***	0. 1013***	– 0. 2701***	– 0. 3083***	– 0. 3138***
	(– 7. 71)	(6. 30)	(6. 95)	(– 7. 88)	(– 9. 15)	(– 9. 31)
WTOpost	– 0. 2777***	– 0. 0003	0. 0307***	– 0. 2776***	– 0. 2912***	– 0. 2911***
	(– 14. 96)	(– 0. 25)	(3. 98)	(– 14. 96)	(– 16. 05)	(– 16. 04)
Treatment × WTOpost	0. 2011***	0. 0068**	0. 0346**	0. 1357***	0. 1859***	0. 1254***
	(6. 04)	(2. 41)	(2. 37)	(4. 49)	(5. 68)	(4. 29)
size	0. 3224***	0. 0102***	0. 6037***	0. 3260***	0. 0567***	0. 0607***
	(55. 24)	(23. 51)	(265. 39)	(55. 60)	(7. 18)	(7. 65)
age	– 0. 0208***	0. 0002**	– 0. 0061***	– 0. 0208***	– 0. 0181***	– 0. 0182***
	(– 32. 40)	(2. 21)	(– 18. 59)	(– 32. 44)	(– 29. 21)	(– 29. 27)
klratio	0. 1385***	0. 0060***	0. 0172***	0. 1364***	0. 1309***	0. 1290***
	(27. 07)	(14. 68)	(7. 53)	(26. 68)	(26. 58)	(26. 21)
expint	– 0. 1582***	– 0. 0298***	– 0. 2450***	– 0. 1475***	– 0. 0504***	– 0. 0412***
	(– 9. 94)	(– 21. 75)	(– 34. 92)	(– 9. 26)	(– 3. 23)	(– 2. 64)
state	– 0. 2591***	– 0. 0132***	– 0. 2417***	– 0. 2544***	– 0. 1528***	– 0. 1488***
	(– 8. 56)	(– 3. 31)	(– 10. 04)	(– 8. 37)	(– 5. 11)	(– 4. 96)
foreign	0. 0117	0. 0082***	0. 0838***	0. 0147	– 0. 0251*	– 0. 022 4*
	(0. 89)	(6. 49)	(13. 97)	(1. 11)	(– 1. 96)	(– 1. 75)
quality				0. 3593***		0. 3197***
				(9. 66)		(8. 83)
efficiency					0. 4401***	0. 4389***
					(38. 66)	(38. 56)
常数项	– 2. 5757***	0. 5890***	0. 0578	– 2. 7873***	– 2. 6011***	– 2. 7893***
	(– 16. 69)	(11. 50)	(0. 58)	(– 18. 22)	(– 17. 59)	(– 18. 73)
R^2	0. 1523	0. 2150	0. 7198	0. 1533	0. 1897	0. 190 5
行业效应	Yes	Yes	Yes	Yes	Yes	Yes
地区效应	Yes	Yes	Yes	Yes	Yes	Yes
观测值	91128	91128	91128	91128	91128	91128

注：括号内数值为纠正了异方差后的 t 统计量；*** 、** 和 * 分别表示 1%、5% 和 10% 的显著性水平。

表 5 – 5 的第（2）列的回归结果显示，倍差法估计量 Treatment × WTOpost 的估计系数为正并且通过 5% 水平的显著性检验，这表明中间

品进口自由化显著提高了企业的产品质量。进一步来看，与加工进口企业相比，一般进口企业的产品质量在加入 WTO 之后显著提升了 0.007个单位。中间品进口自由化之所以可以提高企业的产品质量，其主要的原因在于：一方面，中间品关税率下降会降低企业进口的中间投入品成本，利润的增加使企业有更充足的资金去更新过时的机器设备、进行人员培训以及开展研发投资活动；另一方面，中间品关税的下降能使企业购买核心零部件和获得核心技术的机会增加，起到了技术转让的作用，这会进一步激励企业加大对吸收和模仿国外先进技术的研发投入，而研发投入的增长有利于企业实现产品质量的升级。另外，中间品关税减让还能导致进口中间品质量的提高（Bas，Strauss - Kahn，2012），而高质量的中间投入要素与企业生产的最终品质量之间存在正相关关系（Kugler，Verhoogen，2012）。

表 5 - 5 的第（3）列显示了以企业生产效率为结果变量的倍差法模型回归结果，从中可以看到，倍差法估计量的估计系数也显著为正。表明与进口加工企业相比，一般进口企业的生产效率在加入 WTO 之后得到了显著提高，即中间品进口自由化促进了企业生产效率的提高。这一结论与埃米蒂和科林斯（Amiti，Konings，2007）对印度尼西亚的研究以及余（Yu，2014）对中国的研究发现是一致的。表 5 - 5 的第（4）列~第（6）列还显示了因变量对基本自变量和中介变量回归的结果。从中可以看到，变量 quality 的估计系数显著为正，这说明产品质量升级可以明显提高企业的加成率。这主要是因为，产品种类的质量越高，则它与市场中既有产品的差异化程度就越大，这样可以降低产品的需求弹性并增强企业自身的垄断能力，进而可以将价格维持在相对较高的水平上。变量 efficiency 的估计系数在 1% 水平上显著为正，这表明生产效率对企业加成率具有正向影响，即生产效率越高的企业具有相对较高的成本加成定价能力。这其实并不难理解，因为企业生产效率的提高有利于降低单位产品的生产成本，进而提高企业加成率。

另外我们还发现，与表 5 - 5 的第（1）列基准的回归结果相比，在分别加入中介变量 quality（第（4）列）和 efficiency（第（5）列）之后，倍差法估计量 Treatment × WTOpost 的估计系数值和显著性水平（t值）均出现了下降。这初步显示"产品质量"和"生产效率"中介效应的存在。进一步的，在同时加入中介变量 quality 和 efficiency（表 5-5 的第（6）列）之后发现，倍差法估计量 Treatment × WTOpost 的估计系数值和显著性水平也进一步下降了。这进一步表明，产品质量升级和生产效率提升是中间品进口自由化提高企业成本加成定价能力的两个可能的渠道，即研究假说 2 在此得到了验证。

为了进一步确认产品质量升级和生产效率提升是否为中间品进口自由化影响企业加成率的中介变量，我们有必要对此进行更严格的检验。首先，通过检验 H_0：$b_3=0$，H_0：$c_3=0$，H_0：$\varphi=0$ 和 H_0：$\lambda=0$，如果均受到拒绝，则说明中介效应显著，否则不显著。从表 5-5 的第（2）列～第（6）列的回归结果可以看到，quality 和 efficiency 作为中介变量是显著的，但该检验方法的不足在于犯第二类错误的概率较大。为此，我们采用第二种方法进行检验，即检验经过中介变量路径上的回归系数的乘积项是否显著，即检验 H_0：$\varphi b_3=0$ 和 H_0：$\lambda c_3=0$。如果原假设受到拒绝，表明中介效应显著，否则不显著。具体地，我们可借鉴索贝尔（Sobel，1987）的方法计算乘积项 φb_3 和 λc_3 的标准差：$s_{\varphi b_3}=\sqrt{\hat{\varphi}^2 s_{b_3}^2+\hat{b}_3^2 s_\varphi^2}$，$s_{\lambda c_3}=\sqrt{\hat{\lambda}^2 s_{c_3}^2+\hat{c}_3^2 s_\lambda^2}$，其中，s 表示相应估计系数的标准差。结合表 5-5 的估计结果，可以计算得到乘积项 φb_3 和 λc_3 的标准差分别为 0.00104487 和 0.00643715，在此基础上不难计算得到 $Z_{\varphi b_3}=2.34$ 和 $Z_{\lambda c_3}=2.37$，均在 5% 水平上显著。这就进一步验证了产品质量和生产效率中介效应的存在性，即产品质量升级和生产效率提升是中间品进口自由化提高企业成本加成定价能力的两个可能渠道，研究假说 2 在此也得到了有力的印证。

5.6 中间品进口自由化与行业加成率变动：资源再配置效应重要吗

截至目前，我们已从微观层面考察了中间品进口自由化对企业加成率的影响及其作用机制，发现中间品进口自由化显著提高了企业成本加成定价能力。除此之外，我们还比较感兴趣的问题是，中间品进口自由化能否最终提升行业总体的成本加成定价能力？从微观基础来看，行业总体加成率的变动可归结为两个方面：其一，是由在位企业自身加成率变化导致，我们称其为加成率的集约边际变动；其二，是新进入企业和退出企业的加成率变动，称其为加成率的扩展边际变动或狭义的资源再配置效应。那么，由此引发的问题是，中国制造业行业总体加成率变动主要是由集约边际变动还是由扩展边际变动导致？以及中间品进口自由化更多的是通过哪种边际影响行业加成率变动？为了考察上述问题，我们先按照式（5-23）计算行业总体加成率：

$$\mu_{jt} = \sum_{i \in \Theta_j} s_{it} \times mkp_{it} \tag{5-23}$$

在式（5-33）中，下标 i 表示企业，j 表示 3 位码行业，t 表示年份；Θ_j 表示行业 j 的企业集合；s_{it} 为权重，表示资源在企业间的配置情况，这里用企业 i 的销售产值在行业 j 中的市场份额来衡量。行业总体加成率从 t-1 期到 t 期的变化表示为：

$$\Delta\mu_{jt} = \sum_{i \in (C,EN)} s_{it} \times mkp_{it} - \sum_{i \in (C,EX)} s_{it-1} \times mkp_{it-1} \tag{5-24}$$

在式（5-24）中，C、EN 和 EX 分别表示存活企业、新进入企业和退出企业的集合。接下来，借鉴格里利兹和雷格夫（Griliches, Regev, 1995）对生产率的分解思路，构建以下动态分解恒等式：

$$\Delta\mu_{jt} = \underbrace{\underbrace{\sum_{i \in C} \overline{s_i}\Delta mkp_{it}}_{within-firm} + \underbrace{\sum_{i \in C} \Delta s_{it}(\overline{mkp_i} - \overline{\mu_j})}_{across-firm}}_{int\,ensive\,margin}$$

$$+ \underbrace{\underbrace{\sum_{i \in EN} s_{it}(mkp_{it} - \overline{\mu_j})}_{enter} - \underbrace{\sum_{i \in EX} s_{it-1}(mkp_{it-1} - \overline{\mu_j})}_{exit}}_{ex\,t\,ensive\,margin} \tag{5-25}$$

在式（5-25）中，下标 i、j 和 t 分别表示企业、行业和年份；变量的上划线表示其在相邻两期的平均值，即 $\overline{s_i} = (s_{it-1} + s_{it})/2$，$\overline{mkp_i} = (mkp_{it-1} + mkp_{it})/2$，$\overline{\mu_j} = (\mu_{jt-1} + \mu_{jt})/2$。在式（5-25）中，第 1 项为"企业内效应"（within firm effect），即假定每个存活企业的市场份额在前后两个时期保持不变，由存活企业自身加成率水平变化所引致的总体加成率变动，记为 $\Delta\mu_{jt}^1$；第 2 项为"企业间效应"（across firm effect），反映的是给定每个存活企业的加成率水平在前后两个时期保持不变，由存活企业的市场份额变化所引致的总体加成率变动，记为 $\Delta\mu_{jt}^2$；第 3 项为"进入效应"（entry effect），即由企业进入所引致的行业总体加成率的变动，记为 $\Delta\mu_{jt}^3$，当新进入企业的加成率高于行业平均加成率时该项为正；第 4 项为"退出效应"（exit effect），即由企业退出所引致的总体加成率的变动，记为 $\Delta\mu_{jt}^4$，当退出企业的加成率低于行业平均加成率时该项为正。此外，我们将第 1 项与第 2 项之和定义为集约边际变动（记为 $\Delta\mu_{jt}^5$），将第 3 项与第 4 项之和定义为扩展边际变动（记为 $\Delta\mu_{jt}^6$），进一步将第 2 项 ~ 第 4 项之和定义为广义的资源再配置效应（记为 $\Delta\mu_{jt}^7$）。

表 5 - 6 显示了对 2000 ~ 2007 年行业加成率的分解结果，[①] 其中，部分 I 以 mkp^{dlw-LP} 为基础进行分解，部分 II 以 mkp^{dlw-OP} 为基础进行分解。以 mkp^{dlw-LP} 为基础进行分解的结果为例，样本期内行业加成率的年平均增长幅度为 0.055，在这当中，企业内效应最大（为 0.026），对行业加成率增长的贡献度为 46.1%，说明在位存活企业的成本加成定价能力得到了很大提升；接下来，是退出效应，对行业加成率增长的贡献度达到了 34.2%，这意味着退出市场的往往是市场竞争力较差（表现为较低的加成率）的企业；企业间效应也较高（为 0.015），贡献度超过了 25%，表明在中国制造业中，市场竞争力较强的企业在总体上也得到了较大的市场份额；此外，我们发现，进入效应为负，这反映了新进入市场的企业其市场竞争力往往不如存活企业的平均水平，[②] 不过，进入效应的负面贡献不是很高。

进一步，行业加成率的集约边际变动与扩展边际变动都为正，不过前者的影响更大。具体而言，集约边际对行业加成率增长的贡献度超过了 70%，而扩展边际（或狭义的资源再配置效应）的贡献度只有 27.1%。但如果加上企业间效应，我们得到广义的资源再配置效应为 0.030，它对行业加成率增长的贡献度超过了 50%。因此，资源再配置效应在行业加成率增长中具有不容忽视的作用。最后，表 5 - 6 的 II 部分以 mkp^{dlw-OP} 为基础进行的分解也得到了较为类似的结果，表明本章对行业加成率的分

---

① 出于研究的需要，本节是以合并前的中国工业企业全样本数据为基础进行分析的，下同。

② 其可能的原因是，一方面，新进入市场的企业受到自身规模的限制，难以获得规模经济效益；另一方面，新进入市场的企业对市场运作机制相对陌生，需要花一定的经费与时间成本来构建其产品分销渠道，进而相较于存活企业表现出较低的市场竞争力。此外，我们利用本书的样本数据进行比较研究发现，新进入企业的平均加成率低于存活企业的平均加成率，但高于退出企业的平均加成率。

解并不依赖于企业加成率的测算方法，具有较好的稳健性。

表 5 - 6　　　　　　　行业加成率变动的分解结果

项目	总变动	企业内效应	企业间效应	进入效应	退出效应	集约边际	扩展边际	再配置效应
	(1)	(2)	(3)	(4)	(5)	(6) = (2) + (3)	(7) = (4) + (5)	(8) = (3) + (7)
I：mkp^{dlw-LP}	0.0553	0.0255	0.0149	-0.0039	0.0189	0.0403	0.0150	0.0298
	(46.05)	(26.86)	(-7.08)	(34.16)	(72.91)	(27.08)	(53.94)	
II：mkp^{dlw-OP}	0.0481	0.0212	0.0122	-0.0049	0.0196	0.0334	0.0147	0.0269
	(44.13)	(25.30)	(-10.22)	(40.78)	(69.44)	(30.56)	(55.87)	

注：括号内的数值表示各个效应项对行业加成率变动的贡献率，单位为%，括号外的数值表示各个效应项的大小。

在以上分解结果的基础上，我们进一步构建以下计量模型来重点考察资源再配置效应是否为中间品进口自由化影响行业加成率的重要渠道：

$$Y_{jt} = \alpha_0 + \alpha_1 \tau_{jt}^{input} + \alpha_2 \tau_{jt}^{output} + v_j + v_t + \varepsilon_{jt} \qquad (5-26)$$

与前文类似，j 表示 3 位码行业，t 表示年份；τ_{jt}^{input} 和 τ_{jt}^{output} 分别表示行业层面的中间品关税与最终品关税；在不同的模型中 Y_{jt} 分别用 $\Delta\mu_{jt}$、$\Delta\mu_{jt}^{\psi}$（$\psi = 1, 2, \cdots, 7$）表示，并且各个模型都控制了行业固定效应 v_j 和时间固定效应 v_t。

表 5 - 7 报告了对计量模型（5 - 26）的估计结果。[①] 其中，第（1）列以行业总体加成率为因变量，回归结果显示，中间品关税减让显著提高了行业总体加成率，而最终品关税减让只有微弱的促进作用。表 5 - 7 其余各列显示了以各分解项为因变量的回归结果。从第（2）列可以看到，中间品关税减让对企业内效应具有显著的促进作用，即中间品进口自由化明显提高了在位存活企业的平均加成率水平，这为本章第四节的研究结论提供了来自行业中观层面的证据。在企业间效应的估计模型中（表 5 - 7 的第（3）列），中间品关税（τ_j^{input}）的估计系数为负且通过 5% 水平的显著性检验，表明中间品进口自由化促进了市场份额由低竞

---

① 本节我们仅对以 mkp^{dlw-LP} 为基础分解的结果进行计量分析。另外，我们也对以 mkp^{dlw-OP} 为基础分解的结果进行估计，发现所得的结论较为相似。

表 5 - 7

中间品进口自由化与行业加成率变动

变量	总体 (1)	企业内效应 (2)	企业间效应 (3)	进入效应 (4)	退出效应 (5)	集约边际 (6)	扩展边际 (7)	再配置效应 (8)
τ_j^{input}	-0.0163**	-0.0062***	-0.0062**	-0.0011	-0.0028*	-0.0124**	-0.0039*	-0.0101*
	(-2.42)	(-2.94)	(-2.06)	(-0.68)	(-1.95)	(-2.02)	(-1.79)	(-1.83)
τ_j^{output}	-0.0017	0.0004	-0.0001	-0.0009	-0.0011*	0.0003	-0.0020	-0.0021
	(0.31)	(0.56)	(-0.10)	(-0.91)	(-1.75)	(0.25)	(-1.53)	(-0.36)
常数项	0.3370***	0.0810***	0.0846	0.0661***	0.1053***	0.1656	0.1714***	0.2560***
	(3.42)	(3.08)	(1.41)	(3.37)	(4.45)	(1.59)	(4.78)	(4.13)
R^2	0.1277	0.1902	0.2494	0.1913	0.2017	0.2137	0.2565	0.3430
行业效应	Yes	Yes	Yes	Yes	Yes	Yes	Yes	Yes
地区效应	Yes	Yes	Yes	Yes	Yes	Yes	Yes	Yes
观测值	1238	1238	1238	1238	1238	1238	1238	1238

注:括号内数值为纠正了异方差后的 t 统计量;***、** 和 * 分别表示 1%、5% 和 10% 的显著性水平。

争力的存活企业向高竞争力存活企业的再配置，进而提高了企业间效应。对集约边际变动影响的估计结果列示在表 5 - 7 的第（6）列，可以看到，中间品进口自由化通过集约边际渠道显著提高了行业加成率。这其实不难理解，因为前文分析显示，中间品进口自由化不仅显著提高了企业内效应，而且对企业间效应也具有明显的促进作用，进而对持续存活企业的加成率增长产生较大的影响。

接下来，转向分析加成率扩展边际变动。从表 5 - 7 的第（7）列可以看出，中间品进口自由化也通过扩展边际渠道显著提高了行业加成率，但在影响程度上相对弱于集约边际渠道。进一步来看，没有明显的证据表明进入效应是中间品进口自由化影响行业加成率的重要途径。但中间品进口自由化通过退出效应显著提高了行业加成率，即中间品关税减免有助于促使低竞争力的企业退出市场，进而为竞争力高的企业腾出了市场份额。从表 5 - 7 的第（8）列的回归结果可以看出，中间品关税的估计系数显著为负。这表明中间品进口自由化通过资源再配置渠道显著促进了行业加成率的增长，进一步比较第（1）列与第（8）列中间品关税的估计系数可以发现，资源再配置效应确实是中间品进口自由化促进行业加成率增长的非常重要的途径。此外，行业最终品关税（τ_j^{output}）在大部分回归中没有显著性，唯一的例外是表 5 - 7 的第（5）列的退出效应的估计模型，我们得到其估计系数显著为负，即表明最终品关税减让引致的市场竞争加剧迫使竞争力较低的企业退出市场，进而有利于行业加成率的提升。

5.7　小　　结

中国在 2001 年年底正式加入 WTO，随后进口关税率出现了大幅度下降，本章以此作为自然实验，实证考察中间品进口自由化对企业加成率的影响。由于中国海关对加工进口企业所进口的原材料长期实行免关税政策，而对一般进口企业征收关税，因此，加工进口企业面临的进口中间品关税率在 WTO 前后基本不变，而一般进口企业面临的进口中间品关税率则出现大幅下降。根据倍差法的思路，我们可将一般进口企业作为处理组，同时将加工进口企业作为对照组。利用 2000~2007 年中国制造业企业的生产数据和贸易数据进行倍差法估计。我们发现，中间品进口自由化显著提高了企业的成本加成定价能力，这一结论对于不同的模型设定、计量方法和指标测度都较为稳健；在时间趋势上，中间品进口自由化对企业加成率的影响强度呈现先上升、后下降的倒"U"形动态变化特征。其中，在加入 WTO 之后的第二年最大。我们在研究中还特别强调了地区制度环境的重要性，检验结果表明，在制度越完善的地区，中间品进口自由化对企业加成率的提升作用就越大，即地区制度环境起到了强化作用。

进一步，本章通过构建中介效应模型揭示了中间品进口自由化影响企业加成率的作用机制，检验发现，产品质量升级和生产效率提升是中间品进口自由化提高企业加成率的两个可能的渠道。最后，本章的研究视角由微观分析转入行业层面的中观分析，行业加成率的分解结果表明，行业加成率的增长主要来自集约边际，扩展边际的贡献较小，另外，资源再配置效应对行业加成率增长的贡献超过 50%，进一步的计量检验还发现，资源再配置效应是中间品进口自由化促进行业加成率增长的重要途径。

总之，本章在一个自然实验的框架下，利用倍差法研究中间品进口自由化对企业加成率的微观影响，较好地克服了传统研究中可能面临的内生性问题，因此，在一定程度上丰富了贸易自由化与企业加成率的研究文献。本章的一个主要发现是，中间品进口自由化显著提高了企业加成率。这意味着，为了提升企业的成本加成定价能力和市场竞争力，继续推进和深化中间品进口自由化改革是一项重要的政策措施，因为企业的中间品关税率下降可以带来产品质量升级和生产效率的提升。

除此之外，我们的研究还发现，中间品进口自由化对企业加成率的提升效应与地区的制度环境有关，即在制度越完善的地区，中间品进口自由化对企业加成率的提升作用就越大。因此，在继续深化外部贸易自由化改革的同时，还应该特别注意进一步推进内部市场化改革、不断完善国内制度环境，这样才能促进制造业企业市场竞争力的持续提高。这一举措对于西部经济相对落后地区的企业而言显得尤为重要。一方面，与东部经济相对发达地区的企业相比，西部地区的企业往往缺乏市场竞争力；另一方面，西部地区的制度环境相对要差于东部地区（樊纲等，2010），制度环境的改善存在更大的空间，因此，在西部地区强化制度环境建设与中间品进口自由化改革相结合，可使本地区企业的市场竞争力得到更大幅度的提高，进而有助于缩小与东部地区企业的差距。

第 6 章

结　论

　　中间品进口对本国制造业企业的影响意义非凡，直接关系到中国对外贸易的持续发展以及经济发展的动力问题。围绕着中间品进口对制造业企业竞争力的微观行为是如何进行传导和体现的这一问题，本书全面系统地考察了中间品进口对中国制造业企业竞争力的影响，分别从企业市场存活、企业创新、企业出口产品质量及企业加成率等四个方面展开研究。

6.1　主 要 结 论

6.1.1　关于中间品进口与制造业企业市场存活

　　（1）中间品进口在总体上降低了企业退出市场的风险率，即倾向于延长企业的经营持续时间。

　　（2）我们还考察了不同质量水平的中间品进口对企业生存的异质性影响，发现只有中高质量的中间品进口显著地延长了企业经营的持续期，而低质量的中间品进口则提高了企业退出市场的风险率，即倾向于抑制企业的市场存活。此外，中间产品进口对双向贸易企业生存持续期的影响，大于单向贸易企业。

　　（3）我们进一步采用中介效应模型进行了传导机制检验，发现"成本节约效应"和"技术溢出效应"是高质量中间品进口促进企业市场存活的重要渠道。

（4）通过将产品差异化程度引入中间品进口与企业生存问题的分析之中，并以产品差异化为切入点来分析中间品进口对于同质性产品行业和异质性产品行业中企业生存的差异化影响。结果发现，中间品进口对同质性产品行业和异质性产品行业的企业生存均有积极影响，并且对前者的作用相对更大。我们还发现，高质量的中间品进口和双向贸易模式可以强化上述作用。

6.1.2 关于中间品进口与制造业企业创新

（1）中间品进口对中国制造业企业的创新活动具有显著的促进作用，不过，这主要体现在由中间品进口引致的成本节约及多样化优质要素的获得效应上，并且中间品进口对企业创新决策的影响大于对创新强度的影响。以上结论在有效地克服了中间品进口变量的内生性问题之后依然稳健。

（2）中间品进口对不同特征企业的创新活动具有显著的异质性影响，特别地在企业生产率的异质性方面，我们发现，中间品进口显著地提高了中低生产率企业进行创新的概率，但对中高生产率企业和最高生产率企业的创新活动没有明显的影响。

（3）通过采用离散时间生存分析模型的研究还发现，中间品进口有助于延长企业创新的持续时间。此外我们还发现，规模越大、人力资本水平越高以及盈利性越好的企业，其创新的持续时间越长。

6.1.3 关于中间品进口与制造业企业出口产品质量

（1）中间品进口通过中间产品质量效应、产品种类效应与技术溢出效应三个可能的渠道显著地促进了企业出口产品质量提升，但是该效应因企业生产率水平、融资约束、所有制和贸易方式的不同而有显著的异质性。并且，因中间品进口来源国和中间品技术含量的不同而不同。

（2）我们还特别考察了地区制度环境的重要性，发现良好的地区制度环境有利于强化中间品进口对制造业企业出口产品质量的积极影响。

（3）行业出口质量的动态分解结果显示，行业出口质量的提高主要得益于集约边际，扩展边际的作用有限；另外，资源再配置效应对行业出口质量提高的贡献高达58%，其在中间品进口促进行业出口质量提高中发挥了关键作用。

6.1.4 关于中间品进口与制造业企业加成率

（1）中间品进口自由化显著提高了企业的成本加成定价能力，其影响程度在时间趋势上呈现倒"U"形的动态变化特征。

（2）我们在研究中还特别强调了地区制度环境的重要性，发现在制度越完善的地区，中间品进口自由化对企业加成率的提升作用越大。

（3）进一步的影响机制检验表明，产品质量升级和生产效率提升是中间品进口自由化提高企业加成率的可能渠道。

（4）行业加成率的动态分解结果显示，行业加成率的增长主要来自集约边际（intensive margin），扩展边际（extensive margin）的贡献较小。另外，资源再配置效应对行业加成率增长的贡献超过50%，而且，它是中间品进口自由化促进行业加成率增长的重要途径。

6.2 政 策 启 示

在本书理论和经验研究的基础上，我们得到以下政策启示：

6.2.1 要继续加强企业自主创新能力的培养

要提高技术创新能力，企业必须加快技术开发中心的建设，加大研发投入，并不断培育和发展具有自主知识产权的关键技术。

首先，出口企业应该加快产业和产品结构的升级步伐。在未来较长的时期内，中国参与全球价值链分工的程度将不断加深，附加值较低产品的生产商或者进出口厂商应抓住这一机会，在新一轮的经济全球化来临之际充分引进境外先进技术和设备，完成自身设备的升级、转移或者更新，在降低产品生产成本的同时提高产品技术含量和附加值。

其次，中国出口企业应提高自身规模经济效应。通过实现产品规格的统一和标准化，规模经济能够降低出口企业的生产成本，提高出口企业的技术水平和创新能力，有助于出口企业竞争力的增强。由于当前中国有劳动成本低、原材料成本低和资源成本低等优势，现阶段中国出口贸易主要集中于部分技术含量低、贸易条件不利的产品方面。从贸易结构模式方面来看，当前中国大部分出口企业或者未达到有效规模，或者存在规模不经济、市场集中度低、企业效益差等问题，不利于自身创新能力的提升。基于上述问题，中国应鼓励企业加快建立现代企业制度，在实现规模经济效应的同时实现企业合理并购。另外，通过加强企业间合作和资源互补，形成适度产业集聚，在加快产业内贸易发展的同时，促进我国出口贸易结构的优化升级。

6.2.2　合理引导加工贸易发展

中国应该循序渐进地引导贸易方式升级，适当地保留一定比例的加工贸易，可以抵御外部不确定因素的冲击。虽然加工贸易出口产生的贸易附加值低于一般贸易，我们也不能对加工贸易方式"一棒子打死"，为了创造更多的贸易附加值和提升中国在全球价值链中的地位而一味地放弃加工贸易。胡翠和林发勤（2015）研究发现，在促进企业生产率提升方面，加工贸易的作用甚至远远大于一般贸易。因此，对于仍然为发展中国家的中国来说，我们应该坚持循序渐进的贸易方式升级之路，在保留一部分加工贸易的同时，鼓励企业自主研发和技术创新，在发展的过程中找到加工贸易和一般贸易最优的配比，并最终实现中国从贸易大国到贸易强国的顺利转型。

在开拓国际市场、利用外需带动国内经济增长以及推进工业化进程中，加工贸易均对中国做出了巨大贡献。但值得注意的是，中国有较大比例的加工贸易当前仍处于简单加工和装配的发展阶段，这部分加工贸易由于技术含量低、产业链条短，因而具有"出口飞地"的性质。当前，中国应从技术外溢的角度不断规范加工贸易的发展，具体来看：一是不断提升加工贸易的技术含量以促进其转型升级；二是国内企业加大自主研发投入，加快人力资本积累和技术进步；三是加强加工制造的价值增值，关注国际外包业务的发展趋势，拓展自己的业务范围，提高工人收入并以此带动内需的扩大，督促企业进行技术创新。除此以外，政府应准确定位加工贸易的发展重点，延长加工贸易在国内的制造环节，积极引入研发设计、服务等高附加值的上游产业环节，从而充分发挥加工贸易企业的关联效应，促进产业结构调整、优化。

6.2.3　积极实施差别性的鼓励进口政策

积极实施差别性的鼓励进口政策，着重点应放在鼓励从事一般贸易企业以及本土企业，特别是民营企业对关键零部件的进口，通过技术溢出效应、进口中学习效应以及"干中学"效应，逐步鼓励和促进从事一般贸易企业以及本土企业，特别是民营企业自主创新能力的提升。从中国的现实看，应适度减少针对从事一般贸易企业产品生产环节的税收优惠政策，相应地强化对企业创新研发、品牌建设等环节的税收减免以及创新财政资助政策。对支持从事一般贸易的出口企业发展高附加值环节和自主创新能力提升的政策有效性进行定期评估，并适时调整相关政策的力度和方向。

此外，中国应继续推动金融市场改革，为保证制造业企业竞争力升级提供良好的金融环境。进行全面金融改革，为企业发展创造更好的金融环境。一方面，相对健康有效的融资政策不仅可以确保企业制定更加有效率的贸易决策规划，顺利地开展中间品进口活动，还能促进制造业企业进口质量和规模的正常提升；另一方面，有效和公平的金融环境可以为国内的私营企业和外资企业提供相对更加公平的融资政策，确保国内私营企业能够与外资企业公平竞争，充分发挥中间品进口对企业竞争力的积极效应。

6.2.4　本书的可能不足和将来的研究方向

考虑到篇幅的限制，本书结合中间品进口和异质性企业的经典文献和中国的实际，主要选取企业市场存活、企业创新、企业出口产品质量、企业加成率等四个角度进行研究。然而，中间品进口对制造业企业竞争力的影响还可能体现在其他方面，例如，企业全球价值链嵌入、企业规模分布和员工收入、企业利润，等等。很显然，对这些问题的研究有助于深化我们对于中间品进口对制造业企业竞争力的微观影响的认识，同时也能更为全面地考察中间品进口和企业竞争力之间的关系，以及客观评估中间品进口对企业竞争力的影响，因此，本书的研究视角和维度还有待于进一步拓宽。

同时，本书选择的样本区间是 2000～2007 年，而 2007 年之后中国的中间品进口趋势依然迅猛，从而在一定程度上削弱了本书数据的说服力。本书使用中国海关和中国工业企业两个数据库的匹配数据进行实证分析，但由于受到作者所拥有的两个数据库样本年份的限制，本书选取了能够选择的最优时间段 2000～2007 年作为本书分析的样本时间段。若在今后获得 2007 年之后年份的相关数据，届时我们会利用最新的数据来进一步研究中间品进口与企业竞争力的相关问题。

参考文献

［1］陈林, 朱卫平. 创新、市场结构与行政进入壁垒——基于中国工业企业数据的熊彼特假说实证检验. 经济学（季刊）, 2011（2）: 653 ~ 674.

［2］陈勇兵, 李燕, 周世民. 中国企业出口持续时间及其决定因素. 经济研究, 2012（7）: 48 ~ 61.

［3］楚明钦, 丁平. 中间品、资本品进口的研发溢出效应. 国际贸易问题, 2013（4）: 60 ~ 65.

［4］邓子梁, 陈岩. 外商直接投资对国有企业生存的影响: 基于企业异质性的研究. 世界经济, 2013（12）: 53 ~ 69.

［5］樊纲, 王小鲁, 朱恒鹏. 中国市场化指数: 各地区市场化相对进程报告. 经济科学出版社, 2010.

［6］樊纲, 王小鲁, 马光荣. 中国市场化进程对经济增长的贡献. 经济研究, 2011（9）: 4 ~ 16.

［7］胡晓炼. 人民币汇率形成机制改革的成功实践. 中国金融, 2010（16）: 11 ~ 12.

［8］江小涓. 中国开放三十年的回顾与展望. 中国社会科学, 2008（6）: 66 ~ 85.

［9］李春涛, 宋敏. 中国制造业企业的创新活动: 所有制和 CEO 激励的作用. 经济研究, 2010（5）: 55 ~ 67.

［10］李平, 崔喜君, 刘建. 中国自主创新中研发资本投入产出绩效分析——兼论人力资本和知识产权保护的影响. 中国社会科学, 2007（2）: 32 ~ 42.

［11］李坤望, 施炳展, 宋立刚. 中国出口产品的低品质陷阱. 南开大学国际经济研究所工作论文, 2012.

［12］陆铭, 陈钊. 分割市场的经济增长——为什么经济开放可能

加剧地方保护?. 经济研究, 2009 (3): 42~52.

[13] 逯宇铎, 戴关虹, 刘海洋. 延长企业生存时间: 单向贸易还是"双向国际化". 数量经济技术经济研究, 2014 (2): 68~85.

[14] 毛其淋, 盛斌. 中国制造业企业的进入退出与生产率动态演化. 经济研究, 2013 (4): 16~29.

[15] 毛其淋, 许家云. 政府补贴对企业新产品创新的影响——基于补贴强度"适度区间"的视角. 中国工业经济, 2015 (9): 94~107.

[16] 聂辉华, 谭松涛, 王宇锋. 创新、企业规模和市场竞争: 基于中国企业层面的面板数据分析. 世界经济, 2008 (7): 57~66.

[17] 钱学锋, 王胜, 黄云湖, 王菊蓉. 进口种类与中国制造业全要素生产率. 世界经济, 2011 (5): 3~25.

[18] 任曙明, 张静. 补贴、寻租成本与加成率——基于中国装备制造企业的实证研究. 管理世界, 2013 (10): 118~129.

[19] 史宇鹏, 和昂达, 陈永伟. 产权保护与企业存续: 来自制造业的证据. 管理世界, 2013 (8): 118~125.

[20] 邵敏, 包群. 地方政府补贴企业行为分析: 扶持强者还是保护弱者. 世界经济文汇, 2011 (1): 56~72.

[21] 盛斌, 毛其淋. 贸易自由化、企业成长和规模分布. 世界经济, 2015 (2): 3~30.

[22] 盛丹, 王永进. 中国企业低价出口之谜——基于企业加成率的视角. 管理世界, 2012 (5): 8~23.

[23] 施炳展. 中国企业出口产品质量异质性: 测度与事实. 经济学 (季刊), 2013 (1): 263~284.

[24] 施炳展, 邵文波. 中国企业出口产品质量测算及其决定因素. 管理世界, 2014 (9): 90~106.

[25] 孙辉煌, 韩振国. 不完全竞争、R&D 投入与成本加成变动——基于中国工业行业的实证研究. 科学学研究, 2010 (7): 1022~1066.

[26] 孙辉煌, 兰宜生. 贸易开放、不完全竞争与成本加成——基于中国制造业数据的实证分析. 财经研究, 2008 (8): 43~51.

[27] 孙灵燕, 李荣林. 融资约束限制中国企业出口参与吗?. 经济学 (季刊), 2011 (1): 231~252.

[28] 田巍, 余淼杰. 企业出口强度与进口中间品进口自由化: 来自中国企业的实证研究. 管理世界, 2013 (1): 28~44.

[29] 田巍, 余淼杰. 中间品进口自由化和企业研发: 基于中国数据的经验分析. 世界经济, 2014 (6): 90~112.

[30] 王红领, 李稻葵, 冯俊新. FDI 与自主研发: 基于行业数据的经验研究. 经济研究, 2006 (2): 44~56.

[31] 王华, 赖明勇, 柒江艺. 国际技术转移、异质性与中国企业技术创新研究. 管理世界, 2010 (12): 131~142.

[32] 汪建新, 贾圆圆, 黄鹏. 国际生产分割、中间投入品进口和出口产品质量. 财经研究, 2015 (4): 54~65.

[33] 王永进, 施炳展. 上游垄断与中国企业产品质量升级. 经济研究, 2014 (4): 116~129.

[34] 王维薇, 李荣林. 全球生产网络背景下中间产品进口对出口的促进作用——基于对中国电子行业的观察. 南开经济研究, 2014 (6): 54~65.

[35] 巫强, 刘志彪. 中国沿海地区出口奇迹的发生机制分析. 经济研究, 2009 (6): 83~93.

[36] 吴延兵. 创新的决定因素——基于中国制造业的实证研究. 世界经济文汇, 2008 (2): 46~58.

[37] 吴延兵. 中国哪种所有制类型企业最具创新性?. 世界经济, 2012 (6): 3~27.

[38] 肖兴志, 何文韬, 郭晓丹. 能力积累、扩张行为与企业持续生存时间——基于我国战略性新兴产业的企业生存研究. 管理世界, 2014 (2): 77~89.

[39] 叶宁华, 包群. 信贷配给、所有制差异与企业存活期限. 金融研究, 2013 (12): 140~153.

[40] 余淼杰. 中国的贸易自由化与制造业企业生产率. 经济研究, 2010 (12): 97~110.

[41] 余淼杰, 李晋. 进口类型、产品差异化与企业生产率. 经济

研究，2015（8）：85~97.

[42]张杰，李勇，刘志彪. 制度对中国地区间出口差异的影响：来自中国省际层面4分位行业的经验证据. 世界经济，2010（2）：83~103.

[43]张杰，郑文平，陈志远，王雨剑. 进口是否引致了出口：中国出口奇迹的微观解读. 世界经济，2014（6）：3~26.

[44]张杰，郑文平，翟福昕. 中国出口产品质量得到提升了么?. 经济研究，2014（10）：46~59.

[45]张杰，郑文平，陈志远. 进口与企业生产率——中国的经验证据. 经济学（季刊），2015（3）：1029~1052.

[46]张杰. 进口对中国制造业企业专利活动的抑制效应研究. 中国工业经济，2015（7）：68~83.

[47]张翊，陈雯，骆时雨. 中间品进口对中国制造业全要素生产率的影响. 世界经济，2015（9）：107~129.

[48]赵伟，赵金亮，韩媛媛. 异质性、沉没成本与中国企业出口决定：来自中国微观企业的经验证据. 世界经济，2011（4）：62~79.

[49]周亚虹，贺小丹，沈瑶. 中国工业企业自主创新的影响因素和产出绩效研究. 经济研究，2012（5）：107~119.

[50]周申. 贸易自由化对中国工业劳动需求弹性影响的经验研究. 世界经济，2006（2）：31~40.

[51] Acs Z. J. , Audretsch D. B. Small Firms in U. S. Manufacturing: A First Report. Economics Letters, 1989, 31 (4): 399~402.

[52] Adolfson M. Export Price Responses to Exogenous Exchange Rate Movements. Economics Letters, 2001, 71 (1): 91~96.

[53] Agarwal R. , Audretsch D. Does Start-up Size Matter? The Impact of Technology and Product Life-cycle on Firm Survival. Journal of Industrial Economics, 2001, 49 (1): 21~44.

[54] Aghion P. , Howitt P. A Model of Growth through Creative Destruction. Econometrica, 1992, 60 (2): 323~351.

[55] Ahn J. A. , Khandelwal K. , Shang-Jin Wei. The Role of Intermediaries in Facilitating Trade. Journal of International Economics, 2011, 84

(1): 73 ~ 85.

[56] Ahsan R. N. Input Tariffs, Speed of Contract Enforcement, and the Productivity of Firms in India. Journal of International Economics, 2013, 90 (1): 181 ~ 192.

[57] Amiti M. , Konings J. Trade Liberalization, Intermediate Inputs, and Productivity: Evidence from Indonesia. American Economic Review, 2007, 97 (5): 1611 ~ 1638.

[58] Amiti M. , Itskhoki O. & Konings J. Importers, Exporters, and Exchange Rate Disconnect. NBER Working Paper, 2012, No. 18615.

[59] Amiti M. , Khandelwal A. K. Import Competition and Quality Upgrading. The Review of Economics and Statistics, 2013, 95 (2): 476 ~ 490.

[60] Andersson L. , Gustafsson O. , Lundberg L. Structural Change, Competition, and Job Turnover in Swedish Manufacturing, 1964 – 96. Review of International Economics, 2000, 8 (3): 566 ~ 582.

[61] Angelini P. , Generale A. On the Evolution of Firm Size Distributions. American Economic Review, 2008, 98 (1): 426 ~ 438.

[62] Araujo L. , Omelas E. 2007. Trust Based Trade. CEP Discussion Paper, 820.

[63] Aristei D. , Castellani D. , Franco C. Firms' Exporting and Importing Activities: Is there a Two – way Relationship? . Review of World Economics, 2013, 149 (1): 55 ~ 84.

[64] Audretsch D. B. , Santarelli E. , Vivarelli M. Start-up Size and Industrial Dynamics: Some Evidence from Italian Manufacturing. International Journal of Industrial Organization, 1999, 17 (7): 965 ~ 983.

[65] Baldwin J. , Yan B. The Death of Canadian Manufacturing Plants: Heterogeneous Responses to Changes in Tariffs and Real Exchange Rates. Review of World Economics, 2011, 147 (1): 131 ~ 167.

[66] Baldwin J. R. , Gu W. Plant Turnover and Productivity Growth in Canadian Manufacturing. Analytical Studies Branch Research Paper Series, 2003, No. 193.

[67] Baldwin J. , Dunne T. , Haltiwanger J. A Comparison of Job Cre-

ation and Job Destruction in Canada and the United States. Review of Economics and Statistics, 1998, 80 (3): 347~356.

[68] Baldwin R. E., The Political Economy of Trade Policy: Integrating the Perspectives of Economists and Political Scientists. Cambridge: MIT Press, 1996.

[69] Baggs J., Beaulieu E., Fung L. Firm Survival, Performance, and the Exchange Rate Shocks. Canadian Journal of Economics, 2009, 42 (2): 393~421.

[70] Bas M. Input-trade Liberalization and Firm Export Decisions: Evidence from Argentina. Journal of Development Economics, 2012, 97 (2): 481~493.

[71] Bas M., Strauss-Kahn V. Trade Liberalization and Export Prices: The Case of China. Working Paper, 2013.

[72] Bas M., Strauss-Kahn V. Does Importing More Inputs Raise Exports? Review of World Economics, 2014, 150 (2): 241~275.

[73] Bas M., Strauss-Kahn V. Input-trade Liberalization, Export Prices and Quality Upgrading. Journal of International Economics, 2015, 95 (2): 250~262.

[74] Bastosa P., Silvab J. The Quality of a Firm's Exports: Where You Export to Matters. Journal of International Economics, 2010, 82 (2): 99~111.

[75] Bellone F., Musso P. & Schiavox S. Financial Constraints and Firm Export Behavior. Documents de Travail 1, GREDEG, Universit/Nice—Sophia Antipolis, 2009.

[76] Bellone F., Musso P., Nesta L, & Warzynski F. Endogenous Markups, Firm Productivity and International Trade: Testing Some Micro-Level Implications of the Melitz-Ottaviano Model. Working Paper, 2010.

[77] Berkowitz D., Moenius J. & Pistor K. Trade, Law, and Product Complexity. Review of Economics and Statistics, 2006, 88 (2): 363~373.

[78] Bernard A. B., Eaton J. Jensen J. B., Kortum S. Plants and Productivity in International Trade. American Economic Review, 2003, 93 (4): 1268~1290.

[79] Bertrand M. From the Invisible Handshake to the Invisible Hand? How Import Competition Changes the Employment Relationship. Journal of Labor Economics, 2004, 22 (4): 723 ~765.

[80] Biscourp P. , Kramarz F. Employment, Skill Structure and International Trade: Firm-level Evidence for France. Journal of International Economics, 2007, 72 (1): 22 ~51.

[81] Blalock G. , Veloso F. M. Imports, Productivity Growth and Supply Learning. World Development, 2007, 35 (7): 1134 ~1151.

[82] Boeri T. , Macis M. Do Unemployment Benefits Promote or Hinder Job Reallocation? Journal of Development Economics, 2010, 93 (1): 109 ~125.

[83] Bottini N. , Gasiorek M. Trade and Job Reallocation: Evidence for Morocco. Working Paper, 2009, No. 492.

[84] Brandt L. , Van Bieseboreck J. , Zhang Y. Creative Accounting or Creative Destruction? Firm-level Productivity Growth in Chinese Manufacturing. Journal of Development Economics, 2012, 97 (2): 339 ~351.

[85] Broda C. , Weinstein D. E. Globalization and the Gains from Variety. Quarterly Journal of Economics, 2006, 121 (2): 541 ~585.

[86] Bustos P. , Trade Liberalization, Exports, and Technology Upgrading: Evidence on the Impact of MERCOSUR on Argentinian Firms. American Economic Review, 2011, 101 (1): 304 ~340.

[87] Castellani D. , Serti F. , Tomasi C. Firms in International Trade: Importers' and Exporters' Heterogeneity in Italian Manufacturing Industry. The World Economy, 2010, 33 (3): 424 ~457.

[88] Cefis E. , Marsili M. Survivor: The Role of Innovation in Firms' Survival. Research Policy, 2006, 35 (5): 626 ~641.

[89] Che Yi, Yi Lu, Zhigang Tao. Institutional Quality and Firm Survival. SSRN Working Paper Series, 2011.

[90] Cockburn I. , Wagner S. Patents and the Survival of Internet-related IPOs. NBER Working Papers, 2007, No. 13146.

[91] Colantone I. Trade Openness, Real Exchange Rates and Job Reallocation: Evidence from Belgium. Review of World Economics, 2012, 148

(4): 669~706.

[92] Colombo M. G. , Delmastro M. A Note on the Relation between Size, Ownership Status and Plant's Closure: Sunk Costs vs. Strategic Size Liability. Economics Letters, 2000, 69 (3): 421~427.

[93] Davis S. J. , Haltiwanger J. C. Gross Job Creation, Gross Job Destruction, and Employment Reallocation. Quarterly Journal of Economics, 1992, 107 (3): 819~863.

[94] Davis S. J. , Haltiwanger J. C. , Schuh S. Job Creation and Destruction. The MIT Press, Cambridge, MA, 1996.

[95] De Loecker J. , Konings J. Job Reallocation and Productivity Growth in a Post-socialist Economy: Evidence from Slovenian Manufacturing. European Journal of Political Economy, 2006, 22 (2): 388~408.

[96] De Loecker J. , Warzynski F. Markups and Firm-Level Export Status. American Economic Review, 2012, 102 (6): 2437~2471.

[97] Dekle R. , Jeongy H. , Ryoo H. A Microeconomic Analysis of the Aggregate Disconnect between Exchange Rates and Exports. University of Southern California, mimeo, 2007.

[98] Disney R. , Haskel J. & Heden Y. Restructuring and Productivity Growth in UK Manufacturing. The Economic Journal, 2003, 113 (489): 666~694.

[99] Dong X. , Xu L. C. Labor Restructuring in China: Toward A Functioning Labor Market. Journal of Comparative Economics, 2009, 37 (2): 287~305.

[100] Douglas N. Endogenous Tariff Theory: A Critical Survey. American Journal of Political Science, 1988, 32 (3): 796~837.

[101] Dunne T. , Roberts M. J. & Samuelson L. Plant Turnover and Gross Employment Flows in the U. S. Manufacturing Sector. Journal of Labor Economics, 1989, 7 (1): 48~71.

[102] Eaton J. , Kortum S. Technology, Geography, and Trade. Econometrica, 2002, 70 (5): 1741~1779.

[103] Esteve-Pérez S. , Pallardó-López V. , Requena-Silvente F. The

Duration of Firm-destination Export Relationships: Evidence from Spain, 1997 – 2006. Economic Inquiry, 2012, 51 (1): 1 ~ 22.

[104] Ethier W. National and International Returns to Scale in the Model Theory of International Trade. American Economic Review, 1982, 72 (3): 389 ~ 405.

[105] Fan H. C. , Li Y. A. & Yeaple S. R. Trade Liberalization, Quality, and Export Prices. NBER Working Paper, 2014, No. 20323.

[106] Feenstra R. C. , Zhiyuan Li, Miaojie Yu. Exports and Credit Constraints under Incomplete Information: Theory and Evidence from China. Review of Economics and Statistics, 2014, 96 (4): 729 ~ 744.

[107] Feng L. , Li Z. Y. , Swenson D. L. The Connection between Imported Intermediate Inputs and Exports: Evidence from Chinese Firms. NBER Working Paper, 2012, No. 18260.

[108] Fernandes A. M. , Paunov C. Does Trade Stimulate Product Quality Upgrading. Canadian Journal of Economics, 2013, 46 (4): 1232 ~ 1264.

[109] Flam H. , Helpman E. Vertical Product Differentiation and North-South Trade. American Economic Review, 1987, 77 (5): 810 ~ 822.

[110] Fontana R. , Nesta L. Product Innovation and Survival in a High-Tech Industry. Review of Industrial Organization, 2009, 34 (4): 287 ~ 306.

[111] Freund C. , Chang H. , Wei S. J. China's Trade Response to Exchange Rate. The 68th International Atlantic Economic Conference, 2011.

[112] Gaston N. , Trefler D. The Labour Market Consequences of the Canada-U. S. Free Trade Agreement. Canadian Journal of Economics, 1997, 30 (1): 18 ~ 41.

[113] Geroski P. A. What Do We Know about Entry? . Journal of Industrial Organization, 1995, 13 (4): 421 ~ 440.

[114] Gervais A. Product Quality and Firm Heterogeneity in International Trade. Mimeo, 2013.

[115] Görg H. , Strobl E. Multinational Companies, Technology Spillovers and Plant Survival. Scandinavian Journal of Economics, 2003, 105 (4): 581 ~ 595.

[116] Goldberg P. K. , Pavcnik N. Trade, Wages, and the Political E-conomy of Trade Protection: Evidence from the Colombian Trade Reforms. Journal of International Economics, 2005, 66 (1): 75 ~ 105.

[117] Goldberg P. K. , Pavcnik N. Distributional Effects of Globalization in Developing Countries. Journal of Economic Literature, 2007, 45 (1): 39 ~ 82.

[118] Goldberg P. K. , Khandelwal A. K. , Pavcnik N. & Topalova P. Imported Intermediate Inputs and Domestic Product Growth: Evidence from India. The Quarterly Journal of Economics, 2010, 125 (4): 1727 ~ 1767.

[119] Goldberg P. K. , Khandelwal A. K. , Pavcnik N. & Topalova P. Trade Liberalization and New Imported Inputs. American Economic Review, 2011, 99 (2): 494 ~ 500.

[120] Goldar B. , Aggarwal S. C. Trade Liberalization and Price-cost Margin in Indian Industries. Developing Economies, 2005, 43 (3): 346 ~ 373.

[121] Griliches Z. , Regev H. Firm Productivity in Israeli Industry: 1979 – 1988. Journal of Econometrics, 1995, 65 (1): 175 ~ 203.

[122] Grossman G. M. , Helpman E. Trade, Knowledge Spillovers, and Growth. European Economic Review, 1991, 35 (2 – 3): 517 ~ 526.

[123] Hall R. E. Market Structure and Macroeconomic Fluctuations. Brookings Papers on Economic Activity, 1986, 17 (2): 285 ~ 338.

[124] Hallak J. C. Product Quality and the Direction of Trade. Journal of International Economics, 2006, 68 (1): 238 ~ 265.

[125] Hallak J. C. , Schott P. K. Estimating Cross-Country Differences in Product Quality. Quarterly Journal of Economics, 2011, 126 (1): 417 ~ 474.

[126] Halpern L. , Koren M. & Szeidl A. Imports and Productivity. mimeo, Central European University, 2009.

[127] Halpern L. , Koren M. & Szeidl A. Imported Inputs and Productivity. Working Paper, 2011.

[128] Halpern L. , Koren M. & Szeidl A. , Imported Inputs and Productivity. American Economic Review, 2015, 105 (12): 3660 ~ 3703.

[129] Hart O. , Moore J. Property Rights and Nature of the Firm. Jour-

nal of Political Economy, 1990, 98 (6): 1119 ~ 1158.

[130] Hess W., Persson M. The Duration of Trade Revisited: Continuous-time versus Discrete-time Hazards. Empirical Economics, 2012, 43: 1083 ~ 1107.

[131] Horiuchi E., Ishikawa J. Tariffs and Technology Transfer through an Intermediate Product. Review of International Economics, 2009, 17 (2): 310 ~ 326.

[132] Hu A. G. Z., Jefferson G. H., Qian J. R&D and Technology Transfer: Firm-level Evidence from Chinese Industry. Review of Economics and Statistics, 2005, 87 (4): 780 ~ 786.

[133] Hummels D., Klenow P. J. The Variety and Quality of a Nation's Exports. American Economic Review, 2005, 95 (3): 704 ~ 723.

[134] Kasahara H., Rodrigue J. Does the use of Imported Intermediates Increase Productivity? Plant-level Evidence. Journal of Development Economics, 2008, 87 (1): 106 ~ 118.

[135] Kasahara H., Lapham B. Productivity and the Decision to Import: Theory and Evidence. Journal of International Economics, 2013, 89: 297 ~ 316.

[136] Kasahara H., Rodrigue J. Does the Use of Imported Intermediates Increase Productivity? Plant-level Evidence. Journal of Development Economics, 2008, 87 (1): 106 ~ 118.

[137] Keller W. Trade and the Transmission of Technology. Journal of Economic Growth, 2002, 7 (1): 5 ~ 24.

[138] Keller W. International Technology Diffusion. Journal of Economic Literature, 2004, 42 (3): 752 ~ 782.

[139] Keller W., Yeaple S. R. Multinational Enterprises, International Trade, and Productivity Growth: Firm-Level Evidence from the United States. The Review of Economics and Statistics, 2009, 91 (4): 821 ~ 831.

[140] Khandelwal A. The Long and Short of Quality Ladders. Review of Economics Studies, 2010, 77 (4): 1450 ~ 1476.

[141] Kleibergen F., Paap R. Generalized Reduced Rank Tests using

the Singular Value Decomposition. Journal of Econometrics, 2006, 133 (1):
97 ~ 126.

[142] Klenow P. J. , Rodriguez-Clare A. Quantifying Variety Gains from
Trade Liberalization. Mimeo, 1997.

[143] Konings J. , Van Cayseele P. & Warzynski F. The Effects of Pri-
vatization and Competitive Pressure on Firms' Price-Cost Margins: Micro Evi-
dence from Emerging Economies. Review of Economics and Statistics, 2005,
87 (1): 124 ~ 134.

[144] Krugan A. O. Trade and Employment in Developing Countries.
Chicago: University of Chicago Press, 1983.

[145] Kugler M. , Verhoogen E. Prices, Plant Size, and Product Quali-
ty. Review of Economic Studies, 2012, 79 (1): 307 ~ 339.

[146] Levinsohn J. , Petrin A. Estimating Production Functions Using
Inputs to Control for Unobservables. Review of Economic Studies, 2003, 70
(2): 317 ~ 341.

[147] Lichtenberg F. , Pottelsberghe Van B. International R&D Spillo-
vers: A Re-examination. NBER Working Paper, 1996, No. 5668.

[148] Manova K. , Zhang Z. W. Multi-Product Firms and Product Qual-
ity. NBER Working paper, 2013, No, 18637.

[149] Mark J. , Xu D. , Fan X. , Zhang S. , A Structural Model of De-
mand Cost and Export Market Selection for Chinese Footwear Producers.
NBER Working Paper, 2012, No, 17725.

[150] Melitz M. J. The Impact of Trade on Intra-Industry Reallocations and
Aggregate Industry Productivity. Econometrica, 2003, 71 (6): 1695 ~ 1725.

[151] Melitz M. J. , Ottaviano G. I. P. Market Size, Trade, and Pro-
ductivity. Review of Economic Studies, 2008, 75 (1): 295 ~ 316.

[152] Melitz M. J. , Polanec S. Dynamic Olley-Pakes Productivity De-
composition with Entry and Exit. NBER Working Paper, 2012, No. 18182.

[153] Mouelhi R. B. A. Impact of Trade Liberalization on Firm's Labour
Demand by Skill: The Case of Tunisian Manufacturing. Working Paper, 2003.

[154] Nevo A. Measuring Market Power in the Ready-to-Eat Cereal In-

dustry. Econometrica, 2001, 69 (2): 307～342.

[155] Noria G. L. The Effect of Trade Liberalization on Manufacturing Price Cost Margins: The Case of Mexico, 1994 – 2003. Working Paper, 2013.

[156] Olley S. , Pakes A. The Dynamics of Productivity in the Telecommunications Equipment Industry. Econometrica, 1996, 64 (6): 1263～1297.

[157] Pérez S. , Llopis A. & Llopis J. The Determinants of Survival of Spanish Manufacturing Firms. Review of Industrial Organization, 2004, 25 (3): 251～273.

[158] Rauch J. E. Networks versus Markets in International Trade. Journal of International Economics, 1999, 48 (1): 7～35.

[159] Rivera-Batiz L. A. , Romer P. M. International Trade with Endogenous Technological Change. European Economic Review, 1991, 35 (4): 971～1001.

[160] Schott P. K. Across-Product versus Within-Product Specialization in International Trade. The Quarterly Journal of Economics, 2004, 119 (2): 647～678.

[161] Schor A. Heterogeneous Productivity Response to Tariff Reduction: Evidence from Brazilian Manufacturing Firms. Journal of Development Economics, 2004, 75 (2): 373～396.

[162] Schumpeter J. A. Capitalism, Socialism, and Democracy. London, Unwin, 1942.

[163] Shepherd B. , Stone S. Imported Intermediates, Innovation, and Product Scope: Firm-level Evidence from Developing Countries. MPRA Working Paper, 2012.

[164] Sobel M. Direct and Indirect Effects in Linear Structural Equation Models. Sociological Methods Research, 1987, 16 (1): 155～176.

[165] Tang H. W. , Zhang Y. F. Exchange Rates and the Margins of Trade: Evidence from Chinese Exporters. CESifo Economic Studies, forthcoming, 2012.

[166] Teshima K. Import Competition and Innovation at the Plant Level:

Evidence from Mexico. Columbia University Working Paper, 2009.

[167] Topalova P. , Khandelwal A. Trade Liberalization and Firm Productivity: The Case of India. Review of Economics and Statistics, 2011, 93 (3): 995 ~ 1009.

[168] Turco A. L. , Maggioni D. On the Role of Imports in Enhancing Manufacturing Exports. The World Economy, 2013, 36 (1): 93 ~ 120.

[169] Upward R. , Wang Z. , Zheng J. H. , Weighing China's Export Basket: The Domestic Content and Technology Intensity of Chinese Exports. Journal of Comparative Economics, 2013, 41 (2): 527 ~ 543.

[170] Verhoogen E. A. Trade, Quality Upgrading, and Wage Inequality in the Mexican Manufacturing Sector. Quarterly Journal of Economics, 2008, 123 (2): 489 ~ 530.

[171] Wagner J. Exports, Imports and Firm Survival: First Evidence for Manufacturing Enterprises in Germany. IZA Discussion Paper, 2011, No. 5924.

[172] Wang Y. L. Exposure to FDI and New Plant Survival: Evidence in Canada. Canadian Journal of Economics, 2013, 46 (1): 46 ~ 77.

[173] Windmeijer F. A Finite Sample Correction for the Variance of Linear Efficient Two-step GMM Estimators. Journal of Econometrics, 2005, 126 (1): 25 ~ 51.

[174] Yasuda T. Firm Growth, Size, Age and Behavior in Japanese Manufacturing. Small Business Economics, 2005, 24 (1): 1 ~ 15.

[175] Yu M. J. Processing Trade, Tariff Reductions and Firm Productivity: Evidence from Chinese Firms. Economic Journal, 2015, 125: 943 ~ 988.